아잔 차 스님의 오두막

A Still Forest Pool
The Insight Meditation of Achaan Chah
by Jack Kornfield and Paul Breiter

Korean translation copyright ⓒ 2003 by Chimmuk Books
This Korean edition is published by arrangement with the Theosophical Publishing
House. Agreement between Chimmuk Books, Korea and Theosophical Publishing
House, America. 306 West Geneva Road, Wheaton, IL 60187, USA.

아잔 차 스님의 오두막

책 콘필드, 폴 브라이터 엮음 | 김윤 옮김

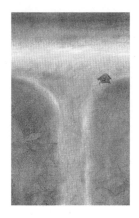

침묵의 향기

우리의 스승이자 인도자이며 친구인 아잔 차 스님,

그분의 제자들 특히 아잔 수메도 스님,

또 그분의 스승들인 아잔 통 라트와 아잔 문 스님,

그리고 전대의 스승들,

숲속에 은거하면서 단순함과 성실한 수행으로

부처님의 가르침 안에서 자유와 기쁨을 찾은

수백 년 계보의 스승들에게 가장 깊은 감사로 바칩니다.

우리를 줄곧 보살펴 주신 부모님께 바칩니다.

아잔 차 스님

늘 알아차리려 하십시오.

일들이 자연스럽게 흘러가도록 놓아두십시오.

그러면 그대의 마음은 어떤 환경에서도 고요해질 것입니다.

숲속의 맑은 연못처럼…….

온갖 놀랍고 희귀한 동물들이 물을 마시러 그 연못으로 올 것이며,

그대는 모든 존재의 본성을 또렷이 볼 것입니다.

기이하고 경이로운 것들이 수없이 오고 가는 것을 볼 것입니다.

하지만 그대는 고요할 것입니다.

이것이 부처의 행복입니다.

_아잔 차

| 감사의 말

우리는 여러 스승과 친구들의 도움에 감사한다. 특히 아잔 수메도 스님과 왓 바나나차 사원의 파바카로 스님은 원고를 읽고서 여러 가지 제안을 해 주었다. 로스앤젤레스 선원(禪院)의 앤디 타이도 쿠퍼와 스티브 이코 보디안에게도 감사한다. 그리고 이 책의 편집을 돕고 귀중한 도움을 준 셜리 니콜슨과 시어소피컬 출판사에 특별히 감사한다.

이 책 가운데 '스승과 나누는 대화'와 '용어 풀이'는 잭 콘필드의 책 《살아 있는 불교 스승들(Living Buddhist Masters)》에서 인용했으며, '승려의 삶'과 '무아'는 영국 브리티시 방송국에서 제작하고 방영한 〈알아차림의 길(The Mindful Way)〉에서 인용했다.

| 서문

　나의 도반인 아잔 차 스님의 가르침을 소개하는 책에 서문을 쓰게 되어 참으로 기쁘다.

　우리의 세계는 지금 무척 흥미로운 시대에 와 있다. 서양 사람들은 동양의 것들인 요가와 권법, 명상을 배우고 있고, 동양 사람들은 서양의 것들인 과학, 비즈니스, 서양 예술과 철학을 배우고 있다. 지금은 음과 양이 매우 빨리 바뀌는 시기다. 따라서 만일 그대가 어떤 관념─무엇은 동양적이고, 무엇은 서양적이며, 상황이 어떻고, 상황이 어떠해야 한다는 생각들─에든 집착하고 있거나 어떤 생각이나 견해를 붙들고 있다면, 그대에게 골치 아픈 문제가 생길 것이다. 그대는 이 세계와 연결될 수 없다. 하지만 모든 관념과 견해를 내려놓는다면, 진실은 바로 그대의 눈앞에 있다. 하늘은 푸르고, 나무는 초록빛이며, 설탕은 달고, 소금은 짜다. 개는 '멍멍' 짖는다. 수탉은 '꼬끼오' 운다. 그때 그대는 배고프면 먹고, 피곤하면 잔다. 배고픈 사람이 오면 먹을 것을 준다. 목마른 사람이 오면 마실 것을 준다. 그게 전부다! 그것으로 충분하다! 그것이 불교다. 아무것도 아니다.

아잔 차 스님은 말한다. "우리는 물소와 같아서 네 다리가 단단히 묶이지 않으면 어떤 약도 받아먹으려 하지 않을 것이다. …… 이와 같이, 우리 대부분은 괴로움에 완전히 묶인 뒤에야 망상들을 놓아 버리고 포기할 것이다. 몸부림칠 기력이 남아 있는 한, 항복하려 하지 않을 것이다. 스승의 가르침을 듣는 것만으로 법(法, 진리)을 깨치는 사람은 드물다. 우리 대부분은 삶을 통해서 배워야 한다. 삶은 우리를 끝까지 가르칠 것이다." 훌륭한 가르침이다. 정말 맞는 말이다!

언젠가 스님은 위빠싸나 명상 수련원의 잔디밭에서 느린 걸음으로 걷기 명상을 하는 수련생들을 보면서, 명상 수련원이 세속에 물든 마음의 병을 치료하는 병원 같다고 말했다. 또 매일 오후 산책을 하다가 수련생들 곁을 지나칠 때면 큰 소리로 격려했다. "곧 나아질 겁니다. 곧 나아지길 바랍니다." 그것도 아주 훌륭하다.

스님은 말한다. "자, 들어 보세요. 여기에는 아무도 없어요. 이것뿐이에요. 주인이 없어요. 늙거나 젊다고, 좋거나 나쁘다고, 허약하거나 건강하다고 할 누가 없어요. …… 태어난 사람도 없고 죽을 사람도 없어요. …… 우리가 짐을 지고 있으면 짐이 무겁지요. 짐을 질 사람이 없으면 세상에는 아무런 문제가 없어요." 이것이 참된 도(道)다.

스님은 선(禪) 일화를 얘기한다. "선불교의 공안 가운데 '바람에 날리는 깃발'이 있다. 두 사람이 깃발을 바라보고 있는데, 한 사람은 바람이 움직인다고 하고 다른 사람은 깃발이 움직인다고 한다. 두 사람의 다툼은 끝없이 이어질 수 있고 몽둥이까지 들고 싸울 수 있겠지만, 다 부질없는 일이다. 움직이는 것은 마음이다." 맞는 말이다. 그런데 정말 중요한 점은 마음이 없으면 문제도 없다는 것이다. 그대에게 마음이 있으면 문제도 있다. 그러니 마음은 어디에서 오는가? 누가 그것을 만들었는가?

위대한 스승 아잔 차 스님은 이미 그대에게 위대한 도(道), 진리와 바른 삶을 전해 주었다. 부디 그대들이 이 책을 통해 참된 길을 찾고 깨달음을 얻어 모든 중생을 괴로움에서 구제하기를……

숭산 선사
프로비던스 선원

| 차 례

당신이 부처님의 살아 있는 가르침을 찾아서 1980년대의 어느 날 아시아에 간다고 가정해 보자. 또 혹시 아직도 탁발에 의지해 숲속에 살며 단순한 삶과 수행을 실천하는 비구와 비구니들이 있는지 찾아보기 위해……. 아마 당신은 부처님에 관한 기록을 읽었을 것이다. 부처님은 승려들과 함께 인도의 숲속을 유랑하며 살았고, 좋은 가문의 남녀들을 초대하여 참된 지혜와 한없는 자비를 일깨우도록, 탁발승으로 소박하게 살면서 내면의 고요함과 깨달음에 헌신하도록 인도했다. 2,500년이 지난 지금, 이런 삶의 방식이 아직도 살아 있을까? 또 그 가르침이 우리의 현대 사회, 현대인의 마음에도 여전히 알맞게 적용될 수 있을까?

당신은 방콕이나 콜롬보, 양곤 근처의 현대식 공항에 내릴 것이다. 택시를 타고 있으면 차창 밖으로 아시아의 시가지 모습, 달리는 차

들, 사람들로 가득 찬 버스, 열대 과일을 파는 거리의 노점상들이 스쳐 지나갈 것이다. 몇 구역마다 시내 불교 사원들의 황금색 탑이나 뾰족한 지붕이 보일 것이다. 하지만 당신은 이런 사원을 찾으러 온 게 아니다. 이 사원들에는 고대 경전을 공부하는 승려들이 머물며 염송과 설법을 하고 사람들을 가르친다. 그러나 숲속에서 생활하는 단순한 삶을 찾으려면, 또 부처님 당시처럼 가사와 바리때만으로 소박하게 살면서 수행에 전념하는 삶을 찾으려면 도시와 시내의 사원들로부터 멀리 떠나야 한다. 만일 그곳이 수많은 사원과 승려들의 나라 태국이라면, 인파로 붐비는 후알람퐁 역에서 아침 일찍 멀리 남쪽이나 북동쪽으로 떠나는 기차를 타야 할 것이다.

한 시간 남짓 기차를 타고 달리다 보면, 철로 주변에 늘어선 집과 상점들, 변두리 빈민가, 제멋대로 뻗어 나간 도시 근교의 어수선한 모습들이 시야에서 사라지고, 동남아시아의 최대 쌀 재배 지역인 태국 중부의 드넓은 평원이 펼쳐진다. 끝없이 펼쳐진 논들은 논두렁을 경계로 바둑판무늬를 이루며 늘어서 있고, 운하와 수로들에 의해 규칙적으로 나뉘어 있다. 벼들이 바다를 이룬 들판 위에 군데군데 섬처럼 보이는 곳은 야자수와 바나나 나무들이 빽빽이 들어선 곳이다. 기차가 이런 야자수 섬 가까이 지나갈 때면, 햇빛에 반짝이는 오렌지색 지붕을 인 사원과 나무 기둥 위에 세운 목조 가옥들이 옹기종기 모여 있는 동남아시아풍의 마을이 보일 것이다.

어느 정도 규모가 큰 마을에는 적어도 하나 이상의 사원이 있다. 사원은 기도하고 의식을 행하는 장소와 마을 회관으로 이용되는데, 예전에는 마을의 학교로도 쓰였다. 마을에 사는 젊은이들은 대부분 스무 살이 되면 이곳에서 계를 받고, 부처님의 가르침을 충분히 배워서 그들이 속한 사회의 성숙한 구성원이 되도록 석 달에서 일 년 사이 승려로 생활한다. 이런 사원은 대개 나이 지긋하고 소박하며 인정 많은 몇몇 스님이 운영하는데, 그들은 경전도 공부했고 마을의 성직자로 봉사하기에 부족함이 없을 만큼 불교의 의식과 기본 가르침을 잘 알고 있다. 이곳은 마을 사람들에게 꼭 필요한 생활의 일부이지만, 당신이 찾으러 온 사원은 아니다.

기차는 이제 옛 수도인 아유타야를 향해 북쪽으로 달린다. 그곳의 화려한 궁전과 웅장한 사원들은 몇 세기 전 이웃 왕국들과 간헐적으로 벌인 전쟁의 와중에 약탈당하고 부서져 폐허로 변해 버렸다. 수백 년의 세월을 말없이 견뎌 온 거대한 석불들은 이 장엄한 폐허의 분위기를 고스란히 간직하고 있다.

이제 기차는 동쪽으로 선회하여 코라트 고원을 가로지르며, 멀리 라오스와 국경을 맞댄 지역을 향해 긴 여정을 떠난다. 몇 시간을 달려도 보이는 것은 대지뿐이다. 여전히 벼를 심은 논과 마을들이 보이기는 하지만 갈수록 드물어지고 초라해 보인다. 중부 지역의 비옥한 농경 지대와 운하들, 망고 나무들, 울창한 열대 삼림과 달리 이곳의 풍경은 한결 단조롭다. 집들은 작아진다. 여기에 있는 사원들도 지붕이 반짝이는 건 마찬가지지만 그 역시 더 작고 소박하다. 이곳에는 오랜 옛날처럼 자급자족하며 살아가는 방식이 아직도 많이 남아 있다. 아낙네들은 현관에 앉아서 베틀로 담요를 짜고 있고, 농부들은 들판에서 일하며, 아이들은 철로 옆 도랑에서 물소를 돌보고 있다.

아직 개발의 손길이 닿지 않은 이런 시골에는 숲속에 사는 승려들의 전통이 많이 남아 있다. 주변에는 숲과 밀림지대, 나무가 울창한 나지막한 산들이 널리 펼쳐져 있고, 국경 인접 지역에는 아직 사람이 살지 않는 곳들이 있다. 이런 지역은 부처님의 깨달음을 지키고 실현하는 데 헌신하는 숲속의 승려와 수도원들을 오랜 세월 뒷바라지했다. 숲속의 승려들은 대개 마을의 성직자로 봉사하지 않으며, 학교에서 가르치지도 않고, 고대 경전들의 언어를 보존하거나 연구하지도 않는다. 오로지 부처님이 가르친 내면의 평화와 통찰을 실현하는 데 전념하고자 한다.

이제 기차에서 내려 버스나 택시를 타고서 먼지가 풀풀 날리는 비포장도로를 달린 뒤, 태국 북동부 지역에 있는 수십 개의 수도원 가운데 하나에 도착했다면, 당신은 무엇을 발견할까? 그곳의 가르침과 수행법이 현대인의 삶에 의미 있게 적용될 수 있을까? 통찰과 알아차림 수행이 복잡한 현대 사회에서 살던 사람의 문제를 해결해 줄 수 있을까?

당신은 많은 서양인이 앞서 찾아왔다는 것을 알게 될 것이다. 1965년 이래 수백 명의 유럽인과 미국인들이 당신처럼 뭔가를 배우기 위해 숲속으로 찾아왔다. 어떤 사람들은 짧은 기간 공부한 뒤 여기에서 배운 것을 일상생활에 적용하기 위해 집으로 돌아갔다. 어떤 사람들은 일 년, 이 년, 혹은 그 이상 머물며 승려로서 더욱 철저히 수련한 뒤 돌아갔다. 다른 사람들은 숲속의 삶이 풍요롭고 매력적이라고 느끼며 지금까지 수도원에 머물고 있다.

부처님의 가르침은 이들의 가슴과 마음에 직접 전해졌으며, 지혜롭고 깨어 있는 삶의 길을 보여 주었다. 처음에는 그 길이 꽤 쉽고 매우 단순해 보일 수 있다. 하지만 막상 부처님의 길을 실천하려고 해 보면 그리 쉽지 않다는 것을 깨닫게 된다. 그러나 이들은 과정이 아무리 힘들고 어려워도 자신의 삶에서 담마(Dhamma) 즉 진리를 깨닫는 것보다 더 귀중한 것은 없다고 느낀다.

왓 바퐁 같은 숲속의 수도원은 입구에 들어서자마자 수행의 기풍이 확연히 느껴진다. 나무들은 고요히 서 있고, 허드렛일을 하거나 천천히 걸으며 명상을 하는 승려들은 조용조용 움직인다. 수도원 건물들은 백 에이커쯤 되는 경내에 여기저기 흩어져 있으며, 비구와 비구니를 위한 두 구역으로 나뉘어 있다. 작고 수수한 오두막들이 숲속의 공터에 하나씩 자리 잡고 있고, 나무들 사이로 난 호젓한 오솔길이 오두막들을 이어 준다. 수도원 중앙에는 대강당과 공양실, 수계식을 하는 법당이 있다. 숲속의 건물들은 한결같이 소박하며 출가의 분위기를 북돋운다. 당신은 마침내 목적지에 도착했다고 느낀다.

이런 수도원에 사는 승려들은 두타행(dhutanga)이라고 하는, 단순하면서도 엄격한 수행의 길을 따르겠다고 결심한 사람들이다. 금욕적인 생활 방식을 자원하여 따르는 숲속 승려들의 전통은 부처님 당시로 거슬러 올라간다. 부처님은 승려의 의복과 음식, 거처에 제한을 두는 열세 가지 특별 계율을 정하도록 허락했다. 두타행의 핵심은 최소한의 물건으로 생활하고, 수행에 전념하며, 하루 한 번씩 탁발을 하는 것이다. 이런 생활 방식은 불교의 다른 전통들과 함께 미얀마, 태국, 라오스의 밀림지대에 널리 퍼져 있는데, 이 지역은 동굴이 많고 대부분 개간되지 않은 채로 남아 있어 수행에만 전념하기에 안성맞춤인 곳이다. 이런 고행승들은 예로부터 유랑자들이었다. 이들은 혼자 또는 여럿이 함께 생활하며, 천으로 만든 우산 천막을 나무에 매달아 임시 거처로 사용하면서 한적한 시골 지역을 이리저리 떠돌아다닌다. 왓 바퐁은 가장 규모가 큰 숲속 수도원 가운데 하나이며, 이 책은 이곳에 머물며 수행자들을 지도했던 아잔 차 큰스님의 가르침을 엮은 것이다.

아잔 차 스님과 그의 스승들인 아잔 통 라트, 아잔 문 스님은 이런 숲속에서 걷고 명상하며 오랫동안 수행에 정진했다. 이들과 같은 숲속의 스승들을 통해 직접적이고 강력한 법(法, 진리)의 가르침이 면면히 전해 내려왔다. 이런 가르침은 불교 의식이나 지식을 위한 것이 아니라, 부처님의 가르침에 따라 살면서 눈과 가슴을 맑게 정화하고 싶어 하는 사람들을 위한 것이다.

숲속 수행의 전통에서 뛰어난 스승들이 출현하자, 일반인과 승려들이 가르침을 받기 위해 숲속으로 찾아왔다. 스승들은 사람들이 쉽게 찾을 수 있도록 유랑을 멈추고 특정한 숲에 머무르는 경우가 많았으며, 그들을 중심으로 두타행을 하는 수도원들이 성장했다. 금세기에 인구가 부쩍 늘어나면서 승려들이 유랑하며 머물 수 있는 숲이 점점 줄어들었고, 그래서 오로지 수행에 전념하고자 하는 승려들은 대부분 위대한 스승이 머물렀거나 현재 머무르고 있는 숲속의 수도원에서 생활하고 있다.

왓 바퐁도 아잔 차 스님이 오랫동안 떠돌며 수행한 뒤 고향에 돌아와 인근 울창한 숲에 머무르면서 시작되었다. 사람이 살지 않는 그 숲은 코브라와 호랑이, 유령들이 출몰하는 곳으로 알려진 곳이었는데, 아잔 차 스님에 따르면, 그래서 오히려 숲속에서 수행하는 승려가 머물기에 딱 알맞은 장소였다. 이곳에 스님을 중심으로 큰 수도원이 자라나기 시작했다.

숲속에서 몇 채의 초막으로 시작한 왓 바퐁은 이제 태국에서 가장 크고 잘 운영되는 수도원 가운데 하나로 발전했다. 아잔 차 스님이 뛰어난 스승이라는 소문이 널리 퍼지면서 방문객이 급격히 늘어나기 시작했다. 태국 전역에 있는 불자들의 요청에 따라 곳곳에 오십여 곳의 분원이 세워졌으며, 각각의 분원은 스님에게 배운 제자들이 운영하고 있다. 그 가운데 왓 바퐁 근처의 분원인 왓 바나나차는 스님의 가르침을 받기 위해 찾아오는 외국인을 위해 설립된 곳이다. 서양에도 분원과 연합 수련원이 여러 곳 설립되었는데, 영국의 치트허스트에 있는 수도원이 대표적이며, 스님의 서양인 상수 제자인 아잔 수메도 원장이 책임을 맡고 있다.

아잔 차 스님의 가르침에는 '불교 명상의 핵심'이라고 불리는 수행법이 들어 있다. 그것은 가슴을 고요히 하고 마음을 열어 참된 통찰을 하게 하는 직접적이고 단순한 수행법이다. 알아차림(mindfulness) 또는 통찰 명상이라고 하는 이 불교 수행법은 서양에서 매우 빠른 속도로 전파되고 있다. 숲속 수도원이나 수련원에서 체계적으로 훈련받은 승려와 일반인에게 이 수행법을 배운다면 우리의 몸과 마음, 가슴을 길들이는 보편적이고 직접적인 길을 찾게 될 것이다. 또한 탐욕과 두려움과 슬픔을 다루는 법, 인내와 지혜와 순수한 자비의 길을 배울 수 있다. 이 책은 이 명상법을 수행하고자 하는 사람을 안내하고 돕기 위한 것이다.

아잔 차 스님은 젊어서부터 수행을 시작했는데, 숲속에 은거하는 훌륭한 스승들을 찾아다니며 가르침을 받고 고된 수행을 하면서 차츰 성장해 갔다. 언젠가 스님은 웃으며 회상하기를, 어린 시절 또래 아이들과 소꿉장난을 할 때마다 그는 늘 승려의 역할을 맡았고, 바리때로 가장한 그릇을 들고 아이들에게 가서 사탕이나 과자를 달라고 했다 한다. 하지만 실제로 승려가 되어 수행하는 것은 힘든 일이었다면서, 제자들에게 인내심과 끈기가 중요한 덕목이라고 가르친다. 젊은 승려이던 시절, 스님은 아버지가 세상을 떠나기 전 몇 주일 동안 병상을 지키며 쇠잔해 가는 모습과 죽음을 지켜보았는데, 이 경험은 스님에게 깊은 영향을 미쳤다. 스님은 "죽음을 이해하지 못하면, 삶이 무엇인지를 제대로 알기 어렵다."고 말한다.

아잔 차 스님은 아버지의 죽음을 경험한 뒤, 세상에 살면서 겪는 괴로움의 원인이 무엇인지, 부처님이 가르친 자유와 평화의 근원이 어디에 있는지 찾고야 말겠다고 굳게 결심했다. 자신의 말에 따르면, 진리를 위해 주저하지 않고 모든 것을 다 버렸다. 그는 육체의 질병과 통증, 온갖 의심 등 수많은 난관에 부닥쳤고 수없이 고통을 겪었다. 하지만 숲속을 떠나지 않았으며, 앉아 있었고, 앉아서 지켜보았다. 때로는 무력감에 사로잡혀 하염없이 울기만 하던 날들도 있었지만, 포기하지 않고 다시 용기를 내어 씩씩하게 정진해 나갔다. 어느덧 그의 내면에서 참된 지혜와 유쾌한 정신, 사람들을 돕는 불가사의한 힘이 자라기 시작했다.

원래 태국어와 라오어로 말해진 스님의 가르침을 다른 언어로 옮기는 것은 쉬운 일이 아니지만, 이 책에 수록된 가르침들에는 유쾌한 수행의 정신이 어느 정도 반영되어 있다. 본디 이 가르침들은 대부분 숲속의 수도원에 머물며 스님 곁에서 수행하는 승려들에게 설해진 것들이다. 그래서 여성보다는 남성을, 일반인보다는 승려를 대상으로 한다. 그러나 여기에 표현된 법의 성품은 직접적이고 보편적이며 우리 모두에게 적합한 것이다. 아잔 차 스님은 탐욕, 두려움, 미움, 망상이라는 인간의 근본 문제를 해결하는 데 역점을 두며, 이런 마음 상태를 알아차리고 이것들이 우리의 삶과 세상에 어떠한 괴로움을 일으키는지 깨달아야 한다고 가르친다. 이는 부처님의 첫 번째 가르침인 사성제(네 가지 고귀한 진실)를 말하는 것으로서 괴로움과 괴로움의 원인, 괴로움을 끝내는 방법을 설명한 것이다.

집착이 어떻게 괴로움을 일으키는지 보라. 아잔 차 스님은 거듭 강조한다. 그대의 경험을 통해 공부하라. 보이는 모습, 소리, 지각, 느낌, 생각의 끊임없이 변하는 성질을 보라. 스님은 삶이 일시적이고 불만족스럽고 자아가 없음을 이해하라고 가르친다. 왜냐하면 이 세 가지 특성을 모두 알고 받아들여야만 평화롭게 살 수 있기 때문이다. 숲속의 수행 전통은 이런 진실들에 대한 우리의 이해 혹은 저항을, 우리의 두려움과 화, 욕망을 직접 다룬다. 아잔 차 스님은 우리에게 번뇌를 똑바로 보면서 놓아 버림, 끈질긴 노력, 알아차림이라는 도구로써 극복하라고 말한다. 또 일시적인 기분이나 걱정에 휩쓸리지 않는 법을 배우고, 마음과 세상의 본성을 직접 또렷이 볼 수 있도록 훈련하라고 강조한다.

아잔 차 스님의 맑고 유쾌한 성품, 직접적인 수행 방식은 사람들을 감화시키는 힘이 있다. 그의 주변에 있는 것만으로도 진리에 대한 탐구심과 이해력, 유머 감각, 경이로움을 느끼는 마음, 내면의 깊은 평화가 일깨워진다. 이 책에 실린 가르침과 숲속 생활에 관한 이야기들이 그런 분위기를 조금이나마 담아내고 있다면, 또한 독자 여러분이 분발하여 더 열심히 수행하도록 도움을 준다면 더 바랄 것이 없을 것이다.

그러니 아잔 차 스님의 가르침을 주의 깊게 듣고 실천에 옮겨 보라. 왜냐하면 스님이 가르치는 것은 이론이 아니라 실제 수행이며, 그의 관심사는 오직 우리의 자유와 행복이기 때문이다. 왓 바퐁을 찾아오는 방문객의 수효가 급증하던 초기에 수도원으로 들어오는 길을 따라 일련의 표지판들이 붙어 있었다. 첫 번째 표지판에는 이렇게 쓰여 있었다. "이곳을 찾는 여러분, 경내에서는 조용히 해 주시기 바랍니다. 우리는 지금 명상을 하고 있습니다." 다른 표지판에는 이런 글귀가 쓰여 있었다. "부처님의 가르침을 실천하고 진리를 깨닫는 것만이 이 삶에서 가치 있는 일입니다. 지금이 바로 시작할 때가 아닐까요?" 이러한 정신으로 아잔 차 스님은 우리에게 숨김없이 얘기하며, 가슴을 고요하게 하고 삶의 진실을 탐구하도록 우리를 초대한다. 지금이 바로 시작할 때가 아닐까?

1부 | 부처님의 가르침을 이해하기

아잔 차 스님은 단순하게 곧장 수행에 들어가라고 권한다. 다만, 부
처님께서 가르치신 괴로움과 해탈에 관한 진실은 바로 여기에서, 우
리의 몸과 마음, 가슴속에서 알려지고 경험될 수 있음을 이해하라고
한다. 스님의 말에 따르면, 팔정도는 책이나 경전에서 찾을 수 있는
것이 아니며, 우리 자신의 감각 기관들, 즉 두 눈과 두 귀, 코, 혀, 몸,
마음의 지각 작용에서 발견될 수 있다. 이러한 감각의 지각 작용을
놓치지 않고 그때그때 유심히 관찰하는 것, 알아차림을 연마하는 것,
이것이 바로 부처님께서 가르치신 통찰의 길이다. 그 뒤로 오랜 세
월, 수행에 헌신한 비구와 비구니, 재가자들이 이 길을 따르며 생생
히 보존해 왔다.

아잔 차 스님은 우리 시대의 살아 있는 법의 대변자로서 이 고대의
가르침을 들려준다. 그의 지혜와 원숙한 경지는 경전 공부나 전통적
인 관습으로 얻어진 것이 아니라, 가슴을 고요히 하고 마음을 일깨우
기 위해 성실히 노력하며 긴 세월 정진한 결과로 얻어진 것이다. 숲
속에 은거하던 몇 분 위대한 스승은 그가 올바르게 수행하도록 참된
지혜로 이끌어 주었다. 이제 그는 전대의 스승들과 그 자신을 본보기

로 삼고 따르도록 우리를 초대한다.

당신이 인식하는 세계가 무엇으로 이루어져 있는지 잘 살펴보라. 여섯 가지 감각 기관, 그리고 몸과 마음의 연속적인 작용 과정으로 이루어진다. 면밀히 관찰하고 주의를 기울이는 훈련을 계속해 나가면 이 과정들이 뚜렷이 보일 것이다. 이 과정을 지켜보면서, 나타나는 감각의 대상들 하나하나가 얼마나 빨리 지나가고 얼마나 일시적인지 보라. 순간순간 변하는 이런 대상들에 집착하거나 저항하려는 묵은 습성이 느껴질 것이다. 아잔 차 스님은 이곳이 바로 새로운 길, 균형의 길, 중도(中道)를 배울 수 있는 곳이라고 말한다.

아잔 차 스님은 관념적으로 수행하지 말고 일상생활에서 주어지는 구체적인 상황 속에서 수행하라고 강조한다. 난관을 극복할 수 있는 힘을 기르고 가슴의 한결같음과 위대한 힘을 발현시키는 곳은 우리가 있는 바로 지금 이곳이다. 스님은 말한다. 우리가 삶과 투쟁하기를 그치고 '바른 이해'의 참된 뜻을 깨닫고 그로 인해 부처의 평화를 찾을 수 있는 곳은 순간순간 바로 지금 여기라고.

단순한 길

전통적으로 팔정도는 바른 이해, 바른 말, 바른 집중 등과 같은 여덟 가지 단계라고 말한다. 그러나 참된 팔정도는 우리 안에 있다— 두 눈, 두 귀, 두 콧구멍, 혀, 몸이 그것이다. 이 여덟 가지 문이 팔정도 전체이며, 이 길을 걷는 것은 마음이다. 이 문들을 알고 이것들을 조사하라. 그러면 모든 진실이 환히 드러날 것이다.

팔정도의 핵심은 아주 단순하다. 긴 설명이 필요 없다. 좋아함과 싫어함에 대한 집착을 버리고, 모든 것을 있는 그대로 놓아둔 채 편히 쉬어라. 내가 살면서 하는 일은 그게 전부다.

어떤 무엇이 되려 하지 마라. 그대 자신을 다른 존재로 만들려 하지 마라. 명상가가 되려 하지 마라. 깨달으려 하지 마라. 앉을 때는 앉아라. 걸을 때는 걸어라. 아무것도 붙잡지 마라. 그 무엇에도 저항하지 마라.

물론 삼매에 들게 하는 명상 기법은 수십 가지나 되고 위빠싸나에
도 다양한 명상법이 있다. 하지만 결국 그것들은 모두 이 하나로 돌
아온다—모든 것을 있는 그대로 놓아두는 것. 힘든 싸움을 그치고
시원한 이곳으로 건너오라.

한번 해 보지 않겠는가? 도전해 보지 않겠는가?

중도

부처님께서는 우리가 한편으로는 욕망과 탐닉, 다른 한편으로는 두려움과 싫어함이라는 이중의 길을 따르기를 원치 않으신다. 그저 즐거움과 괴로움을 알아차리라고 말씀하신다. 화와 두려움, 불만족은 수행자의 길이 아니라 세상 사람의 길이다. 마음이 고요한 사람은 집착이라는 한쪽과 두려움과 싫어함이라는 다른 한쪽을 떠나 올바른 실천의 길인 중도(中道)를 걷는다.

수행의 길에 나선 사람은 이 중도를 따라야 한다. "나는 즐거움이나 괴로움에 관심을 두지 않겠다. 그것들을 다 내려놓겠다." 물론 처음에는 힘들다. 쇠방울이나 시계추처럼 앞뒤로 걷어차일 것이다.

부처님께서는 첫 법문을 하면서 이 양극단에 관해 가르치셨다. 왜냐하면 집착이 있는 곳은 바로 이 양극단이기 때문이다. 행복에 대한 욕망은 한쪽에서 걷어찬다. 괴로움과 불만족은 반대편에서 걷어찬다. 이 둘은 언제나 양쪽에서 우리를 공격한다. 하지만 중도를 걷는 사람은 이 둘을 모두 내려놓는다.

아직 모르겠는가? 만일 그대가 이 양극단을 따른다면, 화가 날 때 조금도 참지 못하고 분노의 말을 쏟아 낼 것이며, 유혹하는 대상을 만날 때 붙잡으려 할 것이다. 언제까지 이처럼 덫에 걸려 있을 텐가? 잘 생각해 보라. 그대가 무언가를 좋아하면, 좋아하는 마음이 올라올 때 그것을 뒤따른다. 그러나 실상 그 마음은 그대를 괴로움으로 이끌고 있다. 욕망이라는 이 마음은 정말로 교묘하다. 다음에는 그대를 어디로 데려갈 것인가?

부처님께서는 극단들을 계속하여 내려놓으라고 가르치신다. 이것이 바른 수행의 길이며, 태어남과 됨(becoming)을 벗어나는 길이다. 이 길에는 즐거움이나 괴로움, 선과 악이 없다. 오호라, 욕망으로 가득 찬 인간들은 즐거움을 추구하며, 늘 중간을 지나치며, 구도자가 따라야 할 길, 세존께서 가르치신 참된 길을 놓친다. 이 중도를 걷지 않으면서 탄생과 됨, 행복과 고통, 선과 악에 집착하는 사람은 지혜로워질 수 없으며 참된 자유를 찾을 수 없다. 우리의 길은 곧바른 길이며, 들뜸과 괴로움이 모두 가라앉은, 평온함과 순수한 앎의 길이다. 만일 그대의 가슴이 이와 같다면, 다른 사람에게 인도를 구하지 않아도 될 것이다.

그대는 마음이 집착하지 않을 때는 자연스러운 상태에 머물고 있음을 알게 될 것이다. 갖가지 생각과 느낌들에 마음이 흔들려 자연스러운 상태를 벗어나면, 생각의 틀을 짓는 과정이 시작되고 망상이 만들어진다. 이 과정을 꿰뚫어 보는 법을 배워라. 마음이 흔들려 자연스러운 상태를 벗어나면, 올바른 수행의 길을 떠나 탐닉과 혐오라는 한쪽 극단으로 이끌리게 되며 더 많은 망상과 생각들을 짓게 된다. 좋고 나쁨은 그대의 마음속에서만 일어난다. 그대가 쉬지 않고 마음을 지켜본다면, 설령 평생 이 하나의 주제만을 놓고 공부한다 해도, 장담하건대 결코 싫증 나지 않을 것이다.

의심을 끝내는 법

대학을 마치고 학위를 받고 세상에서 성공한 뒤에도 여전히 자기의 삶에 무언가 부족하다고 느끼는 사람이 많다. 그들은 생각의 수준이 높고 지식이 풍부하지만, 마음은 여전히 편협하고 의심으로 가득 차 있다. 독수리가 높이 날기는 하지만 무엇을 먹고 사는가?

조건 지어지고 합성되고 한정된 세속의 학문으로는 참된 진리를 이해할 수 없다. 물론 세속의 지혜가 좋은 목적으로 쓰일 수는 있지만, 무분별하게 발달하면 오히려 종교와 도덕의 가치를 해칠 수도 있다. 중요한 것은 그런 기술들에 집착하지 않으면서 현명하게 이용할 수 있는 지혜, 세속을 초월한 지혜를 계발하는 것이다.

우선 기본적인 것들을 가르칠 필요가 있다. 기본적인 도덕, 삶의 무상(無常)함을 아는 것, 늙음과 죽음이라는 현실을 먼저 알아야 한다. 우리는 여기에서부터 시작해야 한다. 차를 운전하거나 자전거를 타려면 먼저 걷는 법을 배워야 한다. 그 후에는 비행기를 탈 수도 있고, 눈 깜짝할 사이에 세상을 여행할 수도 있다.

경전 공부만 열심히 하는 것은 중요한 게 아니다. 경전은 부처님의 가르침을 잘 전달하고 있지만, 경전이 곧 진리 자체는 아니기 때문이다. 책에서 '미움'이라는 단어를 보는 것과 분노를 직접 느끼는 것은 다르며, 어떤 사람의 이름을 듣는 것과 그를 직접 만나는 것은 다르다. 스스로 경험한 뒤라야 참된 믿음을 가질 수 있다.

믿음에는 두 가지 종류가 있다. 하나는 부처, 가르침, 스승에 대한 맹목적인 신뢰이며, 이로 인해 수행을 시작하거나 출가하는 경우가 많다. 둘째는 확고하고 흔들림 없는 참된 믿음인데, 이것은 내면을 알아 가면서 생긴다. 아직은 극복해야 할 번뇌들이 남아 있겠지만, 내면에 있는 모든 것을 또렷이 보면 의심을 끝내고 수행에 확신을 가질 수 있다.

말을 넘어서 스스로 보라

수행을 하는 동안, 나는 아는 것이 별로 없었고 공부를 많이 하지도 않았다. 나는 오로지 부처님의 바른 가르침을 따랐으며, 내 마음을 있는 그대로 공부했을 뿐이다. 수행할 때는 자기 자신을 잘 지켜보라. 그러면 지혜와 통찰력이 저절로 생겨날 것이다. 만일 그대가 명상을 하면서 이런저런 식으로 명상이 이루어지기를 바란다면, 차라리 그 자리에서 당장 그만두는 편이 나을 것이다. 수행을 할 때는 아무것도 기대하지 말아야 하고, 수행이 어떤 식으로 되어야 한다는 관념조차 버려야 한다. 이제까지 배운 지식이나 견해들은 옆으로 치워 놓아라.

그대는 모든 말과 상징, 모든 수행 계획을 넘어서야 한다. 그러면 바로 여기에서 드러나는 진실을 스스로 볼 수 있다. 내면을 향하지 않는다면 결코 실상을 알지 못할 것이다. 나는 승려가 된 뒤 첫 두세

해는 경전을 공부하면서 지냈고, 그 뒤에는 여러 학자와 스승들을 찾아다니며 가르침을 들었다. 그런데 나중에는 그런 공부가 오히려 걸림돌이 되었다. 그분들의 설법을 들어도 이해할 수가 없었다. 내면을 들여다보지 않았기 때문이다.

위대한 스승들은 내면에 있는 진실에 관해 얘기했다. 나는 수행을 하면서 그 진실이 내 마음속에도 있다는 것을 차츰 깨닫기 시작했다. 그리고 긴 세월이 흐른 뒤에야 이 스승들이 정말로 진실을 알고 있었고, 그분들이 걸어간 길을 따른다면 우리 역시 그분들이 얘기한 것을 모두 만날 수 있음을 알게 되었다. 그때 우리는 말할 수 있을 것이다. "그래, 그분들 말씀이 맞다. 달리 무엇이 또 있을 수 있겠는가? 오직 이것뿐." 꾸준히 수행을 하자 깨달음은 그렇게 펼쳐졌다.

만일 그대가 법(法, 다르마)을 알고자 한다면, 그저 포기하고 그저 놓아 버려야 한다. 수행에 관해 생각만 하는 것은 그림자를 붙잡으려 애쓰면서 실체를 놓치는 것과 같다. 공부를 많이 할 필요는 없다. 기본적인 것들을 따르며 그에 맞게 수행을 하면 스스로 진실을 보게 될 것이다. 거기에는 분명 말로 듣는 것 이상의 어떤 것이 있다. 자기와 대화를 하고, 자기의 마음을 관찰하라. 마음이 말하고 생각하기를 그친다면, 그대는 바른 판단을 위한 진정한 잣대를 얻게 될 것이다. 그렇지 않으면 이해력이 깊이 꿰뚫지 못할 것이다. 이렇게 수행하라. 나머지는 자연히 뒤따를 것이다.

불교 심리학

어느 날, 불교 철학을 가르치는 유명한 강사가 아잔 차 스님을 찾아왔다. 이 강사는 방콕에서 아비담마와 복잡한 불교 심리학을 정기적으로 강의하고 있었다.

그녀는 스님과 얘기하면서, 불교 심리학을 이해하는 것이 사람들에게 얼마나 중요한지, 또 자신에게 배우는 학생들이 얼마나 많은 혜택을 입고 있는지를 자세히 얘기했다. 그런 다음, 그런 이해가 중요하다는 데에 스님도 동의하는지 물었다.

"예, 아주 중요하지요." 스님은 동의했다.

그녀는 기뻐하면서, 스님도 제자들에게 아비담마를 배우게 하느냐고 물었다.

"그럼요, 물론이지요."

그러자 그녀는 제자들에게 어디서부터 시작하도록 권하느냐고, 또 어떤 교재와 과목이 가장 좋으냐고 물었다.

"오직 여기지요." 스님은 자신의 가슴을 가리키며 말했다. "오직 여기."

공부가 체험을 대신할 수는 없다

부처님의 가르침을 공부하는 것과 수행에 적용하는 것이 어떻게 다른지를 얘기해 보자. 부처님의 가르침을 공부하는 목적은 하나뿐이다. 그것은 삶의 불만족에서 벗어나는 길을 찾고, 우리 자신과 모든 존재를 위해 행복과 평화를 이루는 것이다. 괴로움은 원인이 있어 생겨나며, 머물 곳이 있어 존재한다. 이 과정을 이해해 보자. 마음이 고요할 때는 자연스러운 상태에 있다. 마음이 움직이면 생각이 지어진다. 행복과 고통은 이런 마음의 움직임, 생각의 틀 짓기의 한 부분이다. 가만히 있지 못하고 여기저기로 가고 싶은 욕망도 마찬가지다. 마음의 움직임을 이해하지 못하면, 일어나는 생각을 좇으며 그런 생각들에 지배당할 것이다.

그러므로 부처님께서는 마음의 움직임을 잘 지켜보라고 말씀하셨다. 마음이 움직이는 것을 잘 지켜보면 마음의 기본적인 성질을 알 수 있다. 마음은 끊임없이 변하며, 만족하지 못하고, 텅 비어 있다. 그대들은 이러한 마음의 현상을 잘 알아차리고 주의 깊게 지켜보아야 한다. 그러면 연기(緣起)의 과정을 알게 된다. 부처님께서는 무지(無知)가 원인이 되어 모든 현상계(samsara)와 의지 작용이 일어난다고 말씀하셨다. 의지는 의식을 일으키고, 의식은 다시 마음과 몸을 일으킨다. 이것이 연기의 과정이다.

불교를 처음 공부할 때는 이런 전통적인 가르침이 이치에 맞는다고 여겨질 것이다. 하지만 그 과정이 우리 안에서 실제로 일어날 때, 머리로만 이해하는 사람은 그 진행 과정을 제때 알아차릴 수 없다. 사슬의 고리들은 마치 나무에서 열매가 떨어지듯 순식간에 떨어지므로 그런 사람들은 어느 가지를 지나쳤는지 알아차리지 못한다. 예컨대, 즐거움을 주는 감각의 접촉이 일어나면 곧바로 그 느낌에 휩쓸려 버리며, 그 일이 어떻게 일어났는지를 알아차리지 못하는 것이다.

이 과정의 윤곽을 체계적으로 정리한 교재의 내용은 물론 정확하지만, 책으로 공부하는 것이 체험을 대신할 수는 없다. 책은 우리에게 "무지가 일어날 때는 이런 체험을 하고, 의지 작용은 이렇게 느껴지고, 이것은 어떤 종류의 의식이며, 몸과 마음을 이루고 있는 요소들은 이렇게 느껴진다."라고 알려 주지 않는다. 나뭇가지에서 손을 놓쳐 땅바닥으로 떨어지는 사람이 정확히 몇 미터 몇 센티를 떨어지는지 일일이 계산하지는 않는다. 그저 땅바닥에 부딪히고 아픔을 경험할 뿐이다. 어떤 책도 그 경험을 묘사할 수는 없다.

정규 과정대로 불법을 공부하면 체계적으로 자세히 배울 수 있지만, 현실은 한 가지 방식으로만 일어나는 것이 아니다. 따라서 우리는 실제로 무슨 일이 일어나는지를 우리의 가장 깊은 지혜 곧 '아는 자'를 통해 분명히 확인해야 한다. 우리 본연의 지혜 곧 아는 자가 마음이 진정 무엇인지를 경험하면, 마음은 우리 자신이 아님을 환히 알게 될 것이다. 우리에게 속하지 않은 것, 내가 아닌 것, 내 것이 아닌 것은 모두 놓아 버려야 한다. 마음과 의식을 이루는 모든 구성 요소의 이름을 공부하는 문제에 관해 말하자면, 부처님께서는 우리가 말에 집착하기를 바라지 않으셨다. 그저 이 모든 것이 일시적이며 불만족스럽고 자아가 없음을 알기 원하셨을 뿐이다. 부처님께서는 오로지 놓아 버리라고 가르치셨다. 이런 것들이 올라올 때마다 곧바로 알아차려라. 그것들을 알아라. 이렇게 할 수 있는 마음만이 잘 훈련된 마음이다.

마음이 휘저어지면 정신적 형성물들, 생각의 틀 짓기, 반작용이 일어나기 시작하여 계속해서 지어지고 증식하게 된다. 좋은 것이든 나쁜 것이든 그것들을 그냥 내버려 두어라. 부처님의 말씀은 단순하다. "포기하라." 하지만 우리는 그것들을 어떻게 포기할 수 있는지 알기 위해 마음을 공부할 필요가 있다.

마음을 이루는 요소들의 표본을 자세히 관찰해 보면, 그것들이 자연스러운 순서를 따른다는 것을 알게 된다. 즉, 마음의 요인들은 이러이러하고, 의식은 이런 식으로 일어나서 이런 식으로 지나간다는 것 등을 알게 되는 것이다. 직접 수행을 해 보면, 바르게 이해하고 바르게 알아차릴 때 바른 생각과 바른 말, 바른 행위, 바른 삶이 자연히 뒤따른다는 것을 알 수 있다. 여러 가지 마음의 요소는 아는 자로부터 일어난다. 아는 자는 등불과 같다. 등불이 빛을 발하듯, 이해가 바르면 생각을 비롯한 모든 요소도 바르게 될 것이다. 알아차림으로 지켜보면 바른 이해가 자라게 된다.

마음이라고 하는 것을 낱낱이 조사해 보면, 마음의 요소들이 모여 있을 뿐 어디에도 자아는 보이지 않는다. 그렇다면 우리가 어디에 발을 디딜 수 있겠는가? 느낌, 기억, 그리고 마음과 몸의 모든 다섯 가지 집합체는 바람에 나부끼는 나뭇잎처럼 이리저리 움직일 뿐이다. 명상을 하다 보면 이 점을 깨달을 수 있다.

명상은 통나무와 같다. 통찰과 조사는 통나무의 한쪽 끝이다. 고요와 집중은 다른 쪽 끝이다. 통나무를 들어 올리면 양쪽 끝이 동시에 들어 올려진다. 어느 것이 집중이고, 어느 것이 통찰인가? 오직 이 마음뿐.

사실, 집중과 내면의 평온, 통찰은 따로 분리될 수 있는 것이 아니다. 망고 열매가 처음에는 초록색에 신맛을 내다가 나중에는 노란색에 단맛으로 변하지만, 그 둘이 서로 다른 과일이 아닌 것과 마찬가지다. 이것이 자라서 저것이 된다. 처음 것이 없이는 다음 것이 올 수 없다. 그런 용어들은 가르침을 위한 방편일 뿐이다. 우리는 말에 집착하지 말아야 한다. 참된 앎을 얻는 길은 오직 우리 내면에 있는 것을 보는 것이다. 이렇게 공부해야만 끝에 이를 수 있으며, 이런 공부만이 참으로 가치 있는 공부다.

집중 수행의 초기 단계에 마음을 하나로 모으는 단순한 훈련을 계속하면, 마음이 고요해진다. 그러나 이 고요함이 떠나면 괴로워진다. 고요함에 집착하게 되었기 때문이다. 부처님의 말씀에 따르면, 마음이 평온해졌다고 해서 수행이 끝난 것은 아니다. 아직 됨(becoming)과 괴로움이 남아 있다.

그래서 부처님은 이러한 집중, 평온한 마음에 대해 더 깊이 탐구했다. 평온함에 집착하지 않을 때까지 이 문제의 진실을 조사했다. 평온함은 그저 또 하나의 상대적인 현실이며, 수많은 정신적 형성물 가운데 하나이고, 수행의 길에서 마주치는 하나의 단계일 뿐이다. 만일 그대가 평온함에 집착하면, 그로 인해 태어남과 됨에서 여전히 벗어나지 못할 것이다. 평온함이 그치면 마음이 동요하기 시작하고, 그대는 이전보다 한층 더 집착하게 될 것이다.

부처님은 됨과 태어남이 어디에서 일어나는지를 알기 위해 계속 탐구했다. 아직 이 문제의 진실을 알지 못했기에, 마음을 이용하여 더 깊이 고찰했고, 일어나는 마음의 모든 요소를 조사했다. 마음이 평온하든 그렇지 않든 계속해서 꿰뚫었고 더 깊이 조사했으며, 마침내 자신이 본 모든 것, 몸과 마음의 다섯 가지 집합체가 모두 뜨겁게 달구어진 쇠구슬과 같다는 것을 깨닫게 되었다. 쇠구슬이 온통 벌겋게 달구어져 있는데, 대체 어디를 만질 수 있겠는가? 다섯 가지 집합체도 마찬가지다. 어느 부분을 잡든 괴로움이 일어난다. 그러므로 평온한 마음이나 집중된 상태에도 집착하지 말아야 한다. 마음의 평화나 평온함을 나 혹은 '나의 것'으로 여기지 말아야 한다. 그렇게 여기면 자아라고 하는 괴로운 환상, 집착과 망상의 세계, 곧 뜨겁게 달구어진 또 하나의 쇠구슬이 만들어질 뿐이다.

우리는 수행을 하면서 경험하는 것을 나 혹은 나의 것이라고 믿으며 붙잡으려고 하는 습성이 있다. 만일 그대들이 "나는 고요하다, 나는 흔들리고 있다, 나는 좋은 사람이다, 나는 나쁜 사람이다, 나는 행복하다, 나는 불행하다."라고 생각하면, 이런 집착은 더 많은 됨과 태어남을 일으킨다. 행복이 끝나면 괴로움이 오고, 괴로움이 끝나면 행복이 온다. 그대들은 이런 식으로 천국과 지옥을 끊임없이 왔다 갔다 할 것이다. 부처님은 마음의 조건이 이러함을 보았으며, 이와 같은 태어남과 됨 때문에 아직 완전히 해탈하지 못했음을 알았다. 그래서 이러한 경험 요소들에 관심을 기울이며 그 참된 성질을 탐구했다. 태어남과 죽음은 집착으로 인해 존재한다. 기분이 좋아지는 것은 태어남이다. 낙담하는 것은 죽음이다. 죽고 나면 태어나고, 태어나면 죽는다. 태어남과 죽음은 수레바퀴처럼 끝없이 돌고 돈다.

부처님은 마음이 일으키는 것들이 모두 일시적이고 조건 지어진 현상이며 텅 비어 있음을 알았다. 이 점을 깨닫자 모든 것을 놓아 버리고 포기했으며, 마침내 괴로움의 끝을 발견했다. 그대들도 이 문제를 진실에 비추어 이해해야 한다. 부처님은 마음이 일어나지 않으며,

태어나지 않으며, 죽지 않으며, 아무것도 가진 것이 없다고 가르치셨다. 모든 것을 있는 그대로 알게 되면, 부처님의 가르침대로 마음의 요소들이 속임수임을 알게 될 것이다. 마음은 자유롭고 빛나며 아주 밝고, 무엇에도 사로잡히지 않는다. 마음이 사로잡히는 것은 오직 오해하기 때문이며, 조건 지어진 현상들과 자아라는 그릇된 느낌에 속고 있기 때문이다.

그러므로 부처님은 우리에게 마음을 조사하라고 말씀하셨다. 맨 처음에는 무엇이 존재하는가? 진실로 아무것도 없다. 현상은 일어나고 사라지지만, 이 비어 있음은 그대로 있다. 그것은 좋은 것과 접촉해도 좋아지지 않으며, 나쁜 것과 접촉해도 나빠지지 않는다. 순수한 마음은 이러한 대상들을 분명하게 알며 그것들이 실체가 없음을 안다.

수행자의 마음이 이와 같이 머물 때는 어떠한 의심도 존재하지 않는다. "됨이라는 게 있습니까? 태어남이라는 게 있습니까?" 하고 누구에게 물어볼 필요도 없다. 부처님은 마음의 요소들을 조사한 뒤 다 놓아 버렸으며, 단지 그것들을 아는 자가 되었다. 부처님은 오로지 평정심으로 지켜보았다. 그분에게는 태어남으로 이끄는 조건들이 존재하지 않았다. 완전한 지혜로 그분은 그것들이 모두 일시적이며 불만족스럽고 자아가 없다고 말씀하셨다.

그리하여 부처님은 확실히 아는 자가 되었다. 아는 자는 이런 진실에 따라서 보며, 조건이 바뀌어도 좋아하거나 괴로워하지 않는다. 이것이 참된 평화다. 그것은 태어남과 늙음과 병듦과 죽음에서 자유롭고, 원인과 결과와 조건에 의존하지 않으며, 행복과 고통의 너머에 있고, 선과 악을 초월한다. 어떤 말로도 그 평화를 설명할 수 없다. 어떤 조건도 그 평화를 바꿀 수 없다.

그러므로 삼매와 고요와 통찰력을 계발하라. 그것들을 마음속에서 일으켜 잘 쓰는 법을 배워라. 그러지 않으면 그대들은 불교를 말로만 알 것이며, 고작 존재의 특성만을 묘사하며 돌아다닐 것이다. 여러분은 머리가 좋을지 모른다. 그러나 마음속에서 생각이 일어날 때는 어떻게 하는가? 그것들을 따르는가? 좋아하는 것을 보면 곧바로 집착하는가? 그것들을 놓아 버릴 수 있는가? 불쾌한 경험들이 올라오면 어떻게 하는가? 아는 자가 그 싫은 느낌을 마음속에 품는가, 아니면 놓아 보내는가? 싫어하는 것을 볼 때 여전히 그것을 붙들거나 비난한다면, 그대들은 다시 생각해 보아야 한다. 이것은 올바른 태도가 아니며, 아직도 가야 할 길이 더 남아 있다. 이런 식으로 마음을 관찰하면 스스로 확실히 깨닫게 될 것이다.

나는 책에 있는 용어들을 써 가면서 수행하지 않았다. 오직 아는 자를 바라보았을 뿐이다. 만일 그가 누군가를 미워하면, 왜 그렇게 하는지 물어보라. 만일 그가 누군가를 사랑하면, 왜 그렇게 하는지 물어보라. 일어나는 모든 것의 근원을 면밀히 조사해 보면, 집착과 미움이라는 문제를 풀 수 있고 이것들로부터 자유로워질 수 있다. 모든 것은 아는 자에게 돌아가고, 아는 자로부터 일어난다. 정말 중요한 것은 반복하여 꾸준히 수행하는 것이다.

닭똥을 줍는 사람

아잔 차 스님은 처음 영국을 방문했을 때 여러 불교 단체의 초청을 받아서 순회 법회를 열었다. 어느 날, 저녁 법문을 마치자 기품 있어 보이는 여성이 스님에게 질문을 했다.

그녀는 불교 아비담마 심리학 교재에 있는 89가지 의식 분류에 따라서 마음의 복잡한 사이버네틱스를 오랫동안 공부해 왔다. 스님은 불교 심리학 체계의 난해한 부분을 알기 쉽게 설명함으로써 그녀가 공부를 계속하도록 도울 것인가?

부처님께서는 우리에게 놓아 버리라고 말씀하신다.

하지만 우리는 처음에는 자연히 불법의 원리에 집착하게 된다. 지혜로운 사람은 이런 원리를 받아들여 삶의 본질을 찾는 도구로 사용한다.

스님은 이 여성이 마음을 공부하는 데 전념하기보다는 지적인 관념들에 사로잡혀 있음을 간파하고서 그녀에게 꽤 직설적으로 대답했다. "부인께서는 마당에 암탉을 키우면서 달걀 대신 닭똥만 줍고 있군요."

마음속에 있는 도둑들

명상의 목적은 대상을 조사하여 그 본질을 이해하려는 것이다. 예를 들어, 우리는 몸을 근사하고 아름다운 것으로 보지만, 부처님께서는 부정(不淨)하고 일시적이며 고통받기 쉬운 것이라고 말씀하신다. 어느 관점이 더 진실한가?

우리는 다른 나라를 여행하는 사람과 같다. 그 나라의 언어를 모르면 제대로 즐길 수 없다. 하지만 그 언어를 배운 뒤에는 그 나라 사람들과 웃으며 농담을 주고받을 수 있다. 우리는 또 어른들이 말하는 것을 이해하려면 더 자라야 하는 어린아이와 같다.

사람들은 대체로 몸과 함께 시작되는 생명의 요소들이 안정적이라고 믿는다. 한 아이가 풍선을 가지고 놀다가 가시에 찔려 풍선이 터지자 울음을 터뜨린다. 이 아이보다 더 총명한 다른 아이는 풍선이 쉽게 터질 수 있다는 것을 알기에 풍선이 터져도 그다지 슬퍼하지 않는다. 마치 나중에 배설할 것은 조금도 생각하지 않으며 맛있는 음식만을 실컷 먹는 식도락가처럼, 사람들은 죽음이라는 사실에 눈을 감은 채 장님처럼 살아간다. 그 뒤 자연이 부를 때, 아무런 준비를 하지 않은 그들은 어디로 가야 할지 모른다.

세상에는 위험이 있다. 자연 요소들로 인한 위험도 있고, 도둑들로 인한 위험도 있다. 사원에도 이와 비슷한 위험들이 있다. 부처님께서는 우리에게 이런 위험 요소들을 자세히 살피라고 가르치셨으며, 계를 받는 사람에게 비구라는 이름을 붙여 주셨다. 비구라는 말에는 두 가지 뜻이 있다. 하나는 탁발하는 자라는 뜻이요, 다른 하나는 현상계(samsara)와 집착들에 내재한 위험을 보는 자라는 뜻이다. 중생들은 탐욕, 미움, 망상을 경험한다. 그들은 이런 번뇌들에 굴복함으로써 그에 따른 과보를 받고, 나쁜 습관들을 더 키우고, 더 많은 업을 짓고, 다시 번뇌들에 굴복한다.

그대들은 왜 탐욕, 미움, 망상을 없애지 못하는가? 그릇되게 생각하면 괴로움을 겪을 것이다. 바르게 이해하면 괴로움을 끝낼 수 있다.

업의 작용, 원인과 결과의 작용을 알아라. 즐거움에 집착하면 그 결과로 괴로움이 일어난다. 맛있는 음식을 지나치게 먹으면 위에 장애가 생기고 장이 불편해진다. 어떤 사람은 물건을 훔치고서 좋아하지만, 뒤에 경찰이 와서 그 사람을 붙잡아 간다. 주의 깊게 지켜보면 어떻게 행동해야 하는지를 배울 수 있고, 집착과 괴로움을 끝내는 법을 알 수 있다. 부처님은 이 점을 간파했기에 세상의 진정한 위험들에서 벗어나고자 했다. 우리는 그것들을 내면에서 극복해야 한다. 바깥에 있는 위험보다 더 무서운 것은 내면에 있는 위험이다. 무엇이 내면에 있는 위험 요소인가?

바람 사물은 감각 기관에 접촉하여 충동과 욕망, 화, 어리석음을 일으키며 우리 안의 좋은 것들을 파괴한다. 흔히 우리는 나뭇잎을 나부끼게 하는 바람만 보지만, 감각의 바람을 잘 지켜보지 않으면 욕망의 태풍이 일어날 수도 있다.

불 이 사원은 한 번도 불난 적이 없지만 탐욕과 미움, 망상은 우리를 끊임없이 불태우고 있다. 우리는 욕망과 싫어하는 마음으로 인해 그릇되게 말하고 그릇되게 행동한다. 망상으로 인해 좋은 것을 나쁘게 보고, 나쁜 것을 좋게 보고, 추한 것을 아름답게 보고, 하찮은 것을 귀중하게 본다. 명상을 하지 않는 사람은 이 점을 보지 못하며 이런 불들에 지배당한다.

물 마음속에서 번뇌의 홍수가 일어나면 우리의 참된 본성은 흙탕물에 잠겨 보이지 않는다.

도둑 진정한 도둑은 바깥에 있지 않다. 이 사원에 도둑이 든 것은 지난 스무 해 동안 한 번뿐이지만, 우리 마음속에서는 다섯 가지 집착, 집합체라는 강도들이 늘 우리를 강탈하고 때리고 파괴한다. 이 다섯 가지 집합체는 무엇인가?

첫째는 몸이다. 몸은 질병과 아픔에 시달린다. 몸이 기대에 어긋날 때 우리는 슬퍼하고 탄식한다. 몸은 자연히 늙고 쇠약해진다는 것을 이해하지 못하면 괴로움을 겪게 된다. 우리는 다른 사람의 몸에 매력이나 혐오감을 느끼며 참된 평화를 빼앗긴다.

둘째는 느낌이다. 아픔과 즐거움이 일어날 때 우리는 그것들이 일시적이고 괴로움이며 우리 자신이 아님을 잊는다. 우리는 감정을 자기와 동일시하며, 이런 그릇된 이해 때문에 고통을 받는다.

셋째는 기억과 지각이다. 인식하고 기억하는 것들을 자신과 동일시하면 탐욕과 미움, 망상이 일어난다. 그릇된 이해는 습관이 되고 잠재의식에 저장된다.

넷째는 의지 및 마음의 다른 요소들이다. 마음 상태들의 성질을 이해하지 못하면 여기에 반응하게 되고, 그러면 생각과 느낌, 좋아함과 싫어함, 즐거움과 슬픔이 일어난다. 우리는 그것들이 일시적이고 괴로움이며 우리 자신이 아님을 잊고서 그것들에 집착한다.

다섯째는 의식이다. 우리는 다른 집합체들을 아는 의식에 집착한다. 우리는 "나는 무엇을 안다, 나는 무엇이다, 나는 어떻게 느낀다."라고 생각하면서 분리되어 있다는 망상, 자아가 있다는 망상에 얽매인다.

이러한 도둑들, 그릇된 이해는 그릇된 행위를 낳는다. 부처님은 이런 것들에 대한 욕망이 없었다. 부처님은 세상에서 참된 행복을 얻을 수 없다는 것을 아셨다. 그리하여 이 위험을 보고서 빠져나올 길을 찾는 사람들에게 비구라는 이름을 붙여 주신 것이다.

부처님은 승려들에게 다섯 가지 집합체의 참된 성질을 가르치셨으며, 그것들을 나 자신 혹은 나의 것으로 붙들지 않고 놓아 버리는 법을 알려 주셨다. 우리가 이 다섯 가지 집합체를 이해하게 되면, 그것들이 큰 해를 끼치거나 큰 유익을 줄 수도 있음을 알 것이다. 그러나 그것들은 사라지지 않는다. 단지 그것들은 우리 자신이 아니라는 것을 알고 집착하지 않을 뿐이다. 부처님은 깨달은 후에도 여전히 육체의 질병을 앓으셨고, 아픔과 즐거움을 느끼셨으며, 기억과 생각과 의식이 있었다. 하지만 그것들을 나 자신 또는 내 것으로 붙들지 않으셨다. 부처님은 그것들을 있는 그대로 아셨으며, 그것을 아는 자 역시 내가 아니며 자아가 아님을 아셨다.

다섯 가지 집합체를 번뇌와 집착에서 분리하는 것은 숲속의 나무들에게 해를 끼치지 않으면서 잡목을 솎아 내는 것과 같다. 일어남과 사라짐만이 끊임없이 이어질 뿐, 번뇌는 발 디딜 곳을 찾을 수 없다. 우리는 그저 집합체와 함께 태어나고 죽을 뿐이다. 그것들은 그저 본성에 따라 오고 간다.

누가 우리를 저주해도 우리에게 자아라는 느낌이 없으면, 그 일은 그냥 내뱉어진 말과 함께 끝나고 우리는 괴로움을 겪지 않는다. 불쾌한 느낌이 일어나면, 그 느낌이 자기 자신이 아님을 깨달음으로써 그 자리에서 멈추게 해야 한다. 비구는 "그는 나를 미워해, 그는 나를 괴롭혀, 그는 나의 적이야."라는 식으로 생각하지 않으며, 자만심을 갖거나 비교하지 않는다. 총구 앞에 서 있지 않으면 총에 맞지 않을 것이요, 받을 사람이 없으면 편지는 되돌아갈 것이다. 일어나는 일들에 얽매이지 않은 채 자비로운 마음으로 세상을 걷는 비구는 고요하고 평화롭다. 이것이 자유롭고 텅 빈 열반으로 가는 길이다.

그러니 다섯 가지 집합체를 탐구하라. 깨끗한 숲을 만들라. 그대는 다른 사람이 될 것이다. 비어 있음을 바르게 이해하고 제대로 수행하는 사람은 드물지만, 그들은 비할 수 없는 기쁨을 알게 된다. 왜 한번 시도해 보지 않는가? 마음속의 도둑들을 없애고 모든 것을 바로잡을 수 있을 텐데.

2부 │ 관점을 바르게 하기

버섯을 따러 갈 때는 어떤 버섯을 따야 하는지 먼저 알아야 한다고 아잔 차 스님은 주의를 준다. 마찬가지로, 영적인 수행을 할 때는 어떤 태도를 키우고 어떤 위험을 피해야 하는지, 마음의 어떤 성질을 북돋아야 하는지 알아야 한다.

아잔 차 스님은 인내심과 용기를 훈련해야 한다고 강조한다. 또한 중도를 찾으려는 의지, 중도를 찾은 뒤에는 어떠한 유혹과 번뇌에도 굴하지 않고 그 길을 따르려는 의지를 키워야 한다고 말한다. 그는 말한다. 탐욕과 미움, 망상이 올라올 때 그것들에 굴복하지 마라. 낙담하지 마라. 어떤 상황에서도 늘 현재에 머물며 주의 깊게 지켜보고 결심이 흔들리지 않게 하라.

꾸준히 수행에 전념하다 보면 자신이 겪는 경험들이 모두 일시적이며, 그래서 불만족스럽다는 것을 알게 될 것이다. 그대는 이런 특성들을 모든 존재 안에서 끝없이 볼 것이며, 집착 없이 자유로워지는 길을 배우게 될 것이다. 그러나 이를 위해서는 즐거운 일이나 괴로운 일을 평등심으로 관찰하는 의지가 필요하다. 스님은 그렇게 우리를 일깨운다.

가슴이 고요해지고 마음이 맑아지면, 아잔 차 스님이 '오직 그만큼'이
라고 표현하는 것의 진실에 더 가까이 다가간다. 진실은 아주 단순하
다. 일어나고 사라지는 모든 것, 끊임없이 변하는 현상계 전체는 진
실로 오직 '그만큼'일 뿐이다. 이 말의 뜻을 진정으로 깨달은 사람은
이 세상에서 평화롭게 살 수 있다.

그릇된 길

진리를 찾아 떠도는 수행자가 부처님에 관한 소문을 듣고서 부처님을 만나기 위해 방방곡곡 찾아 헤맸다. 어느 날 밤, 그가 묵으려고 들어간 집에는 부처님도 머물고 계셨다. 하지만 부처님의 모습을 몰랐던 그는 그곳에 계신 부처님을 알아보지 못했다. 다음 날 아침, 그는 일어나서 부처님을 찾기 위해 다시 길을 떠났다. 바른 이해 없이 평화와 깨달음을 찾는 것은 이와 같다.

괴로움과 괴로움을 끝내는 길에 관한 진실을 바르게 이해하지 못하면, 나머지 부수적인 요소들도 모두 그릇될 것이다. 곧 이해가 그릇되면 의도가 그릇되고, 말이 그릇되고, 행위가 그릇되고, 집중과 평정의 수행이 그릇된다.

이 문제에서도 그대가 좋아하는 것과 싫어하는 것은 믿을 만한 안내자가 아니다. 비록 어리석은 사람들은 그것을 최고의 기준으로 삼고 따르겠지만……. 오호라, 이것은 어느 마을을 찾아가는 것과 같도다. 바른 길을 모른 채 그릇된 길로 가는 사람은 그 길이 편하고 쉬우므로 마음 편하게 여행을 한다. 그러나 원래 가고자 했던 곳에는 이르지 못할 것이다.

바른 이해

모든 존재 안에서 무상(無常), 고(苦), 무아(無我)를 보게 되면, 바른 이해가 자라며 마음을 빼앗기거나 집착하지 않게 된다. 집착하지 않음은 싫어함이 아니다. 우리가 한때 좋아했던 것을 싫어하는 마음 역시 일시적이며, 머지않아 그것에 대한 갈망이 다시 돌아올 것이다.

그대가 죽순 요리나 카레를 좋아한다고 가정해 보자. 몇 년 동안 날이면 날마다 죽순 요리만 먹는다고 상상해 보라. 넌더리가 날 것이다. 이제는 누가 죽순 요리를 대접해도 기쁘지 않을 것이다. 마찬가지로, 우리는 모든 존재 안에서 일시성, 괴로움, 비어 있음을 늘 보아야 한다. 죽순 요리를 생각하라!

우리는 쾌락의 삶이 아니라 평화를 찾으려 한다. 평화는 우리 안에 있으며, 흔들림과 괴로움이 있는 바로 그 자리에서 만날 수 있다. 평화는 숲속이나 산꼭대기에서 찾을 수 있는 것이 아니고, 스승이 주는

것도 아니다. 괴로움을 경험하는 바로 그 자리에서 괴로움으로부터
의 자유도 찾을 수 있다. 괴로움을 피해 달아나려고 애쓰는 것은 실
제로는 괴로움을 향해 달려가는 것이다. 괴로움을 조사하고 그 원인
을 보라. 결과만을 어찌해 보려 애쓰지 말고, 지금 당장 그 원인을 끝
내라.

번뇌를 굶겨라

이제 막 수행을 시작하는 사람들은 수행이 무엇인지 궁금해하는 경우가 많다. 수행은 그대가 번뇌에 맞서고 해묵은 습관들에 먹이를 주지 않으려 할 때 시작된다. 마찰과 어려움이 일어나는 곳, 그곳이 바로 그대가 일해야 할 곳이다.

식용 버섯을 딸 때는 아무 버섯이나 무턱대고 따지 않는다. 무엇은 먹을 수 있는 버섯이고, 무엇은 독버섯인지를 알아야 한다. 수행을 할 때도 마찬가지다. 우리는 위험한 것들, 독사처럼 물어뜯는 번뇌들을 잘 알아야 그것들에서 벗어날 수 있다.

괴로움과 이기심의 뿌리에는 탐욕, 미움, 망상과 같은 번뇌가 있다. 우리는 번뇌를 극복하는 법, 번뇌에 지배당하지 않고 자유로워지는 법, 마음의 주인이 되는 법을 배워야 한다. 물론 그렇게 하기는 쉽지 않을 것이다. 이는 부처님께서 그대에게 둘도 없는 죽마고우와 헤어지라고 말씀하시는 것과 같다.

번뇌는 호랑이와 같다. 우리는 알아차림, 에너지, 끈기, 인내심으로 잘 지어진 튼튼한 우리에 호랑이를 가두어야 한다. 그 뒤 습관적인 욕망들에 먹이를 주지 않음으로써 굶어 죽게 할 수 있다. 굳이 칼을 휘두르며 죽이려 애쓸 필요가 없다.

번뇌는 고양이와도 같다. 고양이에게 먹이를 주면 계속해서 다시 돌아올 것이다. 먹이를 주지 마라. 그러면 결국은 다시 오지 않을 것이다.

처음 수행을 할 때는 어쩔 수 없이 괴로움을 겪을 것이다. 그러나 기억하라, 오직 번뇌만이 괴로워한다. 사람들은 생각한다. "이전에는 이런 문제들이 없었어. 대체 뭐가 잘못됐지?" 이전에는, 속에 병이 들었는데 바깥 상처에만 연고를 바르는 사람처럼, 우리가 욕망들에 먹이를 주었으므로 그것들과 문제없이 지낼 수 있었다.

번뇌에 맞서라. 번뇌에게 먹을 것을 주거나 번뇌를 잠재우지 마라. 지나치게 자기를 학대하는 것 아니냐고 말하는 사람들이 있겠지만, 내면이 강해지려면 이렇게 할 필요가 있다. 스스로 보라. 마음을 쉼 없이 지켜보다 보면, 자신이 결과만을 보고 있다는 생각이 들고 원인이 무엇인지 궁금해질 수 있다. 자녀가 갈수록 속을 썩이면, 부모는 아이의 행동에 실망하여 "대체 어디에서 이런 아이가 나온 거지?"라며 의아해할 것이다. 우리의 괴로움은 마음의 행위에 대한 집착, 진리에 대한 그릇된 이해에서 나온다. 물소를 길들이듯 마음을 길들여야 한다. 물소는 생각이고, 주인은 수행자이며, 물소를 기르고 길들이는 것은 수행이다. 마음을 길들이면 진실을 볼 수 있다. 자아의 원인과 끝, 모든 괴로움의 끝을 알 수 있다. 이것은 복잡한 일이 아니다.

수행을 하다 보면 누구나 번뇌를 만나게 된다. 우리는 번뇌가 올라올 때 부닥쳐 나가며 극복해야 한다. 이것은 생각으로 어찌할 일이 아니라 직접 해야 하는 일이다. 많이 참고 인내해야 한다. 생각하고 느끼는 습관적인 방식을 서서히 바꿔 가야 한다. '나' 혹은 '나의 것'이라는 관점으로 생각할 때 얼마나 많은 괴로움을 받는지 알아야 한다. 그러면 놓을 수 있다.

행복과 고통

젊은 서양인 승려가 숲속의 수도원에 찾아와서, 여기에 머물며 수행해도 되겠느냐고 아잔 차 스님에게 허락을 구했다.

"고통받을 준비는 되었겠지요." 아잔 차 스님의 첫 응답이었다.

젊은 서양인은 조금 당황해하면서, 자신은 고통을 받기 위해서가 아니라 명상을 배우며 숲속에서 평화롭게 살기 위해 왔다고 대답했다.

그러자 스님이 말했다. "고통에는 두 가지가 있습니다. 하나는 더 많은 고통으로 이어지는 고통이고, 다른 하나는 고통의 끝으로 인도하는 고통입니다. 두 번째 고통에 직면하려 하지 않는다면, 첫 번째 고통을 계속 겪을 것입니다."

아잔 차 스님이 가르치는 방식은 대개 솔직하고 단도직입적이다. 수도원 마당을 걷다가 승려들을 만날 때면 "오늘은 많이 괴롭나?" 하고 묻곤 한다. 만일 어느 승려가 "예."라고 대답하면, 스님은 "음, 자네가 오늘은 집착이 많은가 보군." 하고는 함께 웃음을 터뜨린다.

　그대는 행복한 적이 있는가? 괴로운 적이 있는가? 둘 가운데 진정 가치 있는 것은 어느 것이라고 생각해 본 적이 있는가? 만일 행복이 진실한 것이라면 사라지지 말아야 한다. 그렇지 않은가? 우리는 이 점을 공부하여 무엇이 실재하는지, 무엇이 진실인지를 알아야 한다. 이렇게 공부하고 명상하면 바르게 이해할 수 있다.

분별하는 마음

바른 이해란 결국 분별하지 않음을 뜻한다. 사람을 볼 때는 좋은 사람 나쁜 사람, 영리한 사람 어리석은 사람으로 나누지 않고 다 같은 존재로 보는 것이며, 꿀은 달고 맛이 좋지만 다른 무엇은 쓰다고 생각하지 않는 것이다. 여러 가지 음식을 먹어도 흡수하고 배설할 때는 모두 같은 것이 된다. 그것이 하나인가, 여럿인가? 이 유리잔은 큰가? 작은 컵에 대해서는 그렇다. 주전자 옆에 놓으면 그렇지 않다.

우리의 욕망과 무지, 분별심은 모든 것을 이런 식으로 왜곡한다. 이것은 우리가 창조하는 세계다. 주전자는 무겁지도 가볍지도 않다. 다만 우리가 이런저런 식으로 느낄 뿐이다. 선불교의 공안 가운데 '바람에 날리는 깃발' 이야기가 있다. 두 사람이 깃발을 바라보고 있는데, 한 사람은 바람이 움직인다고 하고 다른 사람은 깃발이 움직인다고 한다. 두 사람의 다툼은 끝없이 이어질 수 있고 몽둥이까지 들고 싸울 수 있겠지만, 다 부질없는 일이다. 움직이는 것은 마음이기 때문이다.

차이점은 늘 있게 마련이다. 그런 차이점을 알되, 같은 점을 보는 법도 배워야 한다. 우리 수도원에서는 서로 다른 문화적 풍토에서 자라고 서로 다른 배경을 지닌 사람들이 뒤섞여 지내고 있다. 그렇지만 우리는 "이 사람은 태국 사람이다, 저 사람은 라오스 사람이다, 이 사람은 캄보디아 사람이다, 저 사람은 서양인이다."라고 생각하지 말고 서로 이해해야 하며, 다른 사람의 방식을 존중해야 한다. 모든 존재의 밑바탕에 있는 같음을 보라. 그들 모두가 참으로 동등하며, 참으로 비어 있음을 보라. 그러면 겉으로 보이는 차이점을 지혜롭게 다룰 수 있을 것이다. 그러나 이 같음에도 집착하지 마라.

왜 설탕은 달고 물은 아무런 맛이 없는가? 원래 성질이 그러할 뿐이다. 생각과 고요함, 아픔과 즐거움도 마찬가지다. 생각이 그치기를 바라는 것은 바른 이해가 아니다. 때로는 생각이 있고, 때로는 고요함이 있다. 우리는 둘 다 본래 일시적이며 불만족스럽고, 영원한 행복의 원인이 아님을 알아야 한다. 그런데도 계속 근심하면서 "괴롭다. 생각을 멈추고 싶다."라고 생각하면, 이런 그릇된 이해는 문제를 더 복잡하게 만들 뿐이다.

간혹 생각이 곧 괴로움이며 우리에게서 현재를 빼앗아 가는 도둑이라고 느껴질 것이다. 하지만 생각을 멈추기 위해 무엇을 할 수 있겠는가? 낮은 밝고 밤은 어둡다. 이것이 그 자체로 괴로움인가? 우리가 괴로워지는 것은 지금 있는 현실을 다른 상황과 비교하며 지금과 다르기를 바랄 때뿐이다. 궁극적으로 현실은 있는 그대로 있다. 비교하니까 괴로워지는 것이다.

그대는 움직이는 마음을 볼 때, 그 마음을 자신 혹은 자신의 것으로 생각하는가? 그대는 이렇게 대답한다. "그 마음이 저 자신인지 제 것인지는 모르겠지만, 제가 원하는 대로 통제할 수 없다는 것은 분명합니다." 마음은 분별없이 이리저리 뛰어다니는 원숭이와 같다. 위층으로 올라갔다가 싫증이 나고, 다시 아래층으로 달려 내려오지만 곧 싫증 나고, 그래서 영화를 보러 가지만 또 싫증이 나고, 맛있는 음식, 맛없는 음식을 먹어 보아도 그 역시 싫증이 난다. 마음은 이성(理性)이 아니라 여러 가지 형태의 두려움과 싫음에 이끌려 다닌다.

그대는 진정으로 통제하는 법을 배워야 한다. 원숭이는 염려하지 말고, 대신 삶의 진실에 관심을 기울여라. 마음의 성질이 어떠한지 보라. 마음은 늘 변하고 만족하지 못하며 텅 비어 있다. 마음의 주인이 되는 법을 배워라. 꼭 그래야 한다면 사슬로 묶어라. 마음을 무작정 따르지 말고 마음이 굶어 죽게 내버려 두어라. 이제 그대에게는 죽은 원숭이 한 마리가 있을 것이다. 그 죽은 원숭이가 썩어 없어지도록 내버려 두어라. 그대는 원숭이의 뼈를 얻을 것이다.

그러나 깨달음은 불상처럼 무감각해진다는 뜻이 아니다. 깨달은 사람도 생각을 한다. 다만, 그 과정이 일시적이며 불만족스럽고 자아가 없음을 아는 것이다. 우리 수행자들은 이 점을 분명히 보아야 한다. 괴로움을 탐구하고 그 원인을 멈추게 해야 한다. 그것을 보지 못하면 지혜는 결코 일어날 수 없다. 어림짐작을 하지 말고 모든 것을 정확히 있는 그대로 보아야 한다. 느낌은 느낌이며, 생각은 생각이다. 이것이 바로 우리의 모든 문제를 끝내는 길이다.

마음은 한 송이 연꽃과도 같다. 어떤 연꽃은 아직 진흙 속에 묻혀 있고, 어떤 연꽃은 진흙 위로 올라왔지만 아직 물속에 잠겨 있으며, 어떤 연꽃은 수면까지 올라왔다. 반면, 다른 연꽃은 한 점 때도 묻지 않은 채 햇빛을 받으며 활짝 피어 있다. 그대는 어떤 연꽃이기를 선택하려는가? 그대가 아직 수면 아래에 있는 연꽃이라면, 물고기와 자라에게 물어뜯기지 않도록 조심하라.

마음을 길들이는 법

우리는 자기 자신을 탐구하지 않는다. 끝없이 되풀이되는 집착과 두려움에 사로잡힌 채 그저 욕망을 따르며 원하는 대로 하고 싶어 한다. 우리는 무엇을 하든 늘 편안하기를 바란다. 그래서 편안하거나 즐겁지 않은 상태가 되면 우울해지고 화가 나고 싫어하는 마음이 일어나며, 다시 그런 마음의 덫에 걸려 괴로워한다.

대체로 생각은 감각의 대상을 따르며, 우리는 생각이 이끄는 대로 따라간다. 그러나 생각과 지혜는 다르다. 지혜 안에 있을 때 마음은 고요하고 움직이지 않으며, 우리는 그저 알아차리고 받아들인다. 감각의 대상과 접촉할 때 흔히 우리는 그것에 관해 생각하고, 계속 마음을 쓰고, 길게 얘기하고, 근심을 한다. 하지만 그런 대상들은 어느 것도 실체가 없다. 그것들은 모두 일시적이며 불만족스럽고 텅 비어 있다. 그것들을 잘라서 이 세 가지 공통적인 특성으로 해부해 보라.

다시 앉아서 명상을 하면 그것들이 또 떠오를 것이다. 그것들을 계속 관찰하며 확인해 보라.

이 수행은 물소와 논을 돌보는 것과 같다. 감각의 대상들을 먹고 싶어 하는 마음은 벼를 먹고 싶어 하는 물소와 같다. '아는 자'는 주인이다. 이 비유를 잘 생각해 보라. 물소를 돌보는 주인은 물소가 마음대로 다니게 내버려 두면서도 계속 지켜본다. 한눈을 팔면 안 된다. 물소가 벼에 가까이 가면 주인은 소리를 지르고, 그러면 물소는 뒤로 물러난다. 만일 물소가 고집을 피우며 주인의 말에 복종하지 않으면, 그는 매를 들고 가서 때린다. 한낮에 잠에 빠져서 물소를 마냥 내버려 두지 마라. 그대의 논에는 벼 한 포기도 남지 않을 것이다.

마음을 지켜보고 있을 때, 아는 자는 모든 일을 끊임없이 알아차린다. 경전에 쓰여 있듯이, "마음을 지켜보는 자는 악마인 마라의 덫을 피할 것이다." 마음은 마음이다. 그런데 마음을 지켜보는 자는 누구인가? 마음과 아는 자는 다르다. 마음은 생각하는 과정이며 또한 앎이다. 마음을 알라. 마음이 감각의 대상을 만날 때는 어떠하고, 떨어져 있을 때는 어떠한지 알라. 아는 자가 이와 같이 마음을 관찰할 때 지혜가 일어난다. 마음이 대상을 만나면, 벼를 보고 달려드는 물소처럼 그 대상에 빠져들게 된다. 마음이 어디로 가는지 늘 지켜보고 있어야 한다. 벼에 가까이 다가가면 소리를 질러라. 그래도 말을 듣지 않으면 매로 때려라.

마음은 감각의 접촉을 경험할 때 그 대상을 붙잡는다. 마음이 대상을 붙잡으면, 아는 자는 마음이 정신 차려 그 대상을 놓을 때까지 무엇은 좋고 무엇은 안 좋은지 설명해 주고, 원인과 결과의 작용을 얘기해 주고, 마음이 붙드는 것은 무엇이나 바람직하지 않은 결과를 가져온다는 것을 알려 주면서 일깨우고 가르쳐야 한다. 이렇게 하면 효과적으로 길들일 수 있으며, 마음은 평온해질 것이다.

부처님은 우리에게 모든 것을 내려놓으라고 가르치셨다. 소나 물소처럼 하지 말고 진실을 앎으로써, 알아차림으로써 내려놓으라고 말씀하셨다. 확실히 알려면 열심히 수행하고 꾸준히 나아져야 하며 부처, 법, 승가라는 원칙에 굳게 머무르고, 그것들을 우리의 삶에 직접 적용해야 한다. 이것이 부처님의 가르침이다.

나는 처음부터 이렇게 수행했다. 제자들에게도 이와 같이 가르친다. 우리는 진실을 책에서 읽거나 관념으로 아는 게 아니라, 우리 자신의 마음속에서 직접 보고 싶어 하는 사람이다. 마음이 아직 자유롭지 않다면 마음이 또렷이 보고서 자기의 습성을 벗어날 때까지, 당면하는 상황의 원인과 결과를 주의 깊게 살펴보라. 마음이 다시 집착하면 새로운 상황 하나하나를 관찰하되, 멈추지 말고 계속 지켜봄으로써 본질을 파악하라. 그러면 집착은 머물 곳이 없어질 것이다. 나는 이런 식으로 수행했다.

만일 여러분이 이처럼 수행하면, 분주하게 일하거나 감각의 대상들에 둘러싸여 있을 때도 내면은 늘 고요할 것이다. 처음 수행을 할 때는 마음을 관찰하다가도 감각의 대상들이 오면 그것들을 붙들거나 피할 것이다. 그러면 마음이 평화롭지 않고 불편해진다. 그러나 명상을 하는 동안 감각의 대상과 접촉하지 않기를 바라고 생각이 멈추기를 바란다면, 그런 바람이 바로 욕망임을 알아야 한다. 생각을 붙잡고 씨름할수록 생각의 힘은 더 강해진다. 생각은 내버려 두고 계속 정진하라. 감각의 대상과 접촉할 때는 일시적이며 불만족스럽고 자아가 아님을 숙고하라. 모든 것을 이 세 가지 통 속에 각각 던져 넣어라. 모든 것을 이 세 가지 범주로 분류하고 계속 살펴라.

세상의 문제들

 많은 사람, 특히 교육받은 전문직 종사자들이 좀더 조용하고 좀더 소박하게 살기 위해 대도시를 벗어나 소도시나 시골로 옮겨 가고 있다. 이는 자연스러운 현상이다. 진흙을 한 움큼 집어 들고 힘껏 쥐면, 일부는 손가락 사이로 삐져나올 것이다. 이와 같이 압박감을 느끼는 사람들은 빠져나올 길을 찾는다.

 사람들은 세상의 문제들에 관해, 다가올 인류의 종말에 관해 내게 묻는다. 그러면 나는 되묻는다. 세상적이란 무슨 뜻인가? 무엇이 세상인가? 모른다고? 세상적이란 바로 이 모름, 바로 이 어둠이며, 무지가 있는 바로 이 자리를 뜻한다. 여섯 가지 감각 기관에 사로잡혀 있으면, 지식이 아무리 발전을 해도 이 어둠의 한 부분에 불과한 것이다. 세상의 문제들에 관한 답을 찾으려면, 그런 문제들의 본질을 확실히 알아야 하고, 세상의 어둠 위에서 빛나고 있는 지혜를 깨달아야 한다.

요즈음 우리의 문화는 탐욕과 미움과 망상에 빠져서 길을 잃고 타락해 가는 것 같다. 그러나 부처의 문화는 결코 변하지 않으며 줄어들지도 않는다. 이 문화는 "다른 사람이나 자기 자신에게 거짓말하지 말라. 다른 사람이나 자기 자신에게서 훔치지 말라."고 말한다. 세상적인 문화를 지배하고 인도하는 것은 욕망이다. 부처의 문화는 자비와 법, 진리가 인도한다.

오직 그만큼

 잘 들여다보면 이 세상은 오직 그만큼이다. 이 세상은 그저 있는 그대로 존재할 뿐이다. 태어남, 늙음, 병듦, 죽음에 지배받는 것도 오직 그만큼이다. 빈부귀천도 오직 그만큼이다. 삶과 죽음의 수레바퀴는 오직 그만큼이다. 그런데 왜 우리는 아직도 벗어나지 못하고 집착하며 얽매여 있는가? 삶의 대상들과 함께 노는 것이 즐거울 때도 있다. 그러나 이 즐거움 역시 오직 그만큼이다.

 재미있고 맛있고 신나고 좋은 것들도 오직 그만큼이다. 그것은 모두 자체의 한계가 있으며, 그 이상 대단한 무엇이 아니다. 부처님께서는 모든 것이 오직 그만큼이며 특별한 가치가 있는 게 아니라고 가르치셨다. 우리는 이 점을 숙고해 보아야 한다. 수행하기 위해 여기에 온 서양인 승려들을 보라. 그들은 즐겁고 안락한 삶을 누렸지만, 그것은 오직 그만큼이었다. 그보다 더 많이 가지려는 노력은 그들을 미치게 만들었을 뿐이다. 그들은 모든 것을 버리고 여행하며 온 세계를 떠돌았다. 하지만 그 역시 오직 그만큼이었다. 그래서 그들은 모든 집착과 괴로움, 모든 것을 버리는 법을 배우기 위해 이 숲속으로 들어온 것이다.

조건 지어진 것들은 다 똑같다. 모두 일시적이며, 태어남과 죽음의 순환에 얽매여 있다. 자세히 들여다보라. 그것들은 오직 그만큼이다. 이 세상에 있는 것들은 모두 그렇게 존재한다. 어떤 사람들은 말한다. "선하게 살고 종교의 가르침에 따라 살아도 늙는 것은 마찬가지다." 이 말은 몸에 관해서는 맞을 수 있지만, 가슴과 덕(德)에 관해서는 그렇지 않다. 이 차이를 아는 사람에게는 자유로워질 기회가 있다.

몸과 마음을 이루고 있는 요소들을 자세히 관찰해 보라. 그것들은 조건 지어진 현상으로서 어떤 원인으로 생기는 까닭에 일시적이다. 그것들의 성질은 늘 똑같고 바뀌지 않는다. 귀족의 신분이든 하인의 신분이든 다를 게 없다. 나이 들어 죽을 때가 되면 그들의 연극도 끝난다. 그들은 더는 잘난 체 으스대거나 가면 뒤에 숨을 수 없다. 어디를 갈 수도 없고, 음식을 씹어도 맛을 느끼지 못한다. 늙으면 눈이 침침해지고, 귀는 어두워지며, 몸은 약해진다. 자신이 처한 현실을 직면하지 않을 수 없다.

우리 인간들은 '오직 그만큼'이라는 현실에서 벗어나기 위해 끊임없이 싸우며 전쟁을 벌이고 있다. 우리는 선과 전쟁을 하고, 악과 전쟁을 하고, 작은 것과 전쟁을 하고, 큰 것과 전쟁을 하고, 짧거나 길거나 옳거나 그른 것과 전쟁을 하며 용감하게 싸우지만, 그 현실에서 벗어나기는커녕 오히려 계속해서 더 많은 괴로움을 만들어 낼 뿐이다.

부처님께서는 진리를 가르치셨지만, 우리는 물소와 같아서 네 다리가 단단히 묶이지 않으면 어떤 약도 받아먹으려 하지 않을 것이다. 일단 네 다리가 꽁꽁 묶여 움직일 수 없게 되면, 그제야 물소에게 다가가서 약을 줄 수 있으며, 물소는 피하려고 몸부림치지 못한다. 이와 같이, 우리 대부분은 괴로움에 완전히 묶인 뒤에야 망상들을 놓아 버리고 포기할 것이다. 몸부림칠 기력이 남아 있는 한, 항복하려 하지 않을 것이다. 스승의 가르침을 듣는 것만으로 법(法, 진리)을 깨치는 사람은 드물다. 우리 대부분은 삶을 통해서 배워야 한다. 삶은 우리를 끝까지 가르칠 것이다.

밧줄을 잡아당기는데, 한쪽 끝이 단단히 걸려 있으면 아무리 힘껏 잡아당겨도 움직이지 않는다. 밧줄을 마음대로 움직이려면 그 끝이 어디에 걸려서 움직이지 않는지 알아야 하고, 문제의 근원과 뿌리를 찾아야 한다. 우리는 수행을 하면서 자신이 어디에서 어떻게 걸려 있는지 알아내고 평화의 중심을 발견하는 데 전념해야 한다. 잃어버린 소를 찾으려면 소가 외양간을 떠난 지점부터 발자국을 따라가야 한다. 중간 어디에서부터 발자국을 따라가면 누구네 소의 발자국인지 분간하지 못하고 엉뚱한 곳으로 갈 수 있기 때문이다.

그래서 부처님은 무엇보다도 먼저 관점을 바로잡으라고 말씀하신 것이다. 우리는 괴로움의 뿌리가 무엇인지, 삶의 진실이 무엇인지를 탐구해야 한다. 모든 것은 오직 그만큼임을 아는 사람은 참된 길을 찾을 것이다. 우리는 조건 지어진 현상들의 실상, 만물이 존재하는 방식을 알아야 한다. 오직 그때에야 이 세상에서 평화로울 수 있다.

스승을 따르라

법 안에서 자라는 동안 수행을 돕고 이끌어 줄 스승이 필요하다. 우리는 마음 집중과 삼매를 크게 오해하는 경우가 많다. 명상을 하다 보면 보통 때는 일어나지 않는 여러 가지 현상이 일어나게 된다. 이런 현상들이 일어날 때는 스승의 인도가 매우 중요하며, 특히 그대가 그릇되게 이해하고 있는 영역들에서 더욱 그러하다.

스승이 그대를 바로잡는 곳은 그대가 옳다고 확신하는 바로 그 부분인 경우가 많을 것이다. 복잡하게 생각하다 보면 하나의 관점이 다른 관점을 흐리게 하여 속아 넘어갈 수 있다. 스승을 공경하고 수행의 규칙과 체계를 따르라. 스승이 그대에게 어떻게 하라고 하면 그렇게 하라. 그만두라고 하면 그만두어라. 그러면 그대는 진실하게 노력할 수 있으며, 마음속에서 지혜와 통찰력이 발현될 것이다. 내가 지금 말한 대로 하면, 그대는 스스로 보고 스스로 알게 될 것이다.

참된 스승은 자기를 버리는 힘든 수행만을 가르친다. 무슨 일이 있어도 스승을 저버리지 마라. 스승의 인도를 따르라. 바른 길을 잊기는 쉽기 때문이다.

　오호라, 불교를 공부하는 사람은 많아도 진정으로 수행하려는 사람은 드물도다. 나는 그들에게 수행을 하라고 간곡히 권하건만, 어떤 사람들은 머리로만 공부를 한다. 자유로워지려면 먼저 죽어야 하지만, 기꺼이 죽으려는 사람은 드물다. 안타까운 일이다.

자기의 가슴을 믿어라

진리에 이르는 길은 많다. 각각의 길이 가리키는 핵심을 제대로 아는 사람은 길을 잃지 않을 것이다. 그러나 덕(德)과 고요한 마음을 마땅히 존중하지 않는 수행자는 성공하지 못할 것이다. 숲속의 위대한 스승들이 따랐던 바른 길을 지나치고 있기 때문이다. 기본적인 것을 무시하지 마라. 수행자라면 마음속에 덕, 집중, 지혜를 굳게 세우고 부처, 법, 승가 삼보(三寶)에 귀의해야 한다. 모든 행위를 멈추고, 자신에게 정직하고, 굳세게 밀고 나가라. 비록 이런저런 것들에 재삼재사 속을지라도 잘 알아차리면 마침내 그것들을 놓을 수 있다. 늘 찾아오던 늙은이가 다시 찾아와서 낡은 거짓말을 똑같이 되풀이한다. 이를 안다면 그를 믿을 필요가 없다. 하지만 이 점을 확실히 깨닫는 데는 대개 오랜 시간이 걸린다. 습관들은 늘 우리를 속이려고 애쓰고 있기 때문이다.

나는 두세 해쯤 수행했을 때도 여전히 나 자신을 신뢰할 수 없었다. 그 뒤로 많은 경험을 거친 뒤에야 내 가슴을 신뢰하게 되었다. 그대가 이 점을 깊이 이해하면 무슨 일이 일어나든 그 일이 일어나도록 내버려 둘 수 있으며, 모든 일은 다 지나가고 끝날 것이다. 어느 지점에 이르면 가슴이 가슴에게 무엇을 할 것인지 알려 줄 것이다. 가슴은 끊임없이 일깨우고 있고, 늘 현재에 머무르며 알아차리고 있다. 그때 그대는 고요히 지켜볼 뿐이다.

왜 수행하는가?

한 무리의 여행자가 아잔 차 스님을 찾아와서 세 가지 훌륭한 질문을 던졌다.

왜 수행합니까?
어떻게 수행합니까?
수행의 결과는 무엇입니까?

그들은 유럽의 어느 종교 단체가 보낸 대표단이었는데, 아시아에 있는 저명한 스승들을 찾아다니며 같은 질문을 하고 있었다.
눈을 감고서 잠시 묵묵히 있던 스님이 세 가지 질문으로 답했다.

왜 밥을 먹습니까?

어떻게 먹습니까?

잘 먹고 나면 기분이 어떻습니까?

그리고 웃었다.

나중에 스님은, 우리는 이미 다 알고 있으며 가르침이라는 것은 사람들을 자기 내면의 지혜로, 자기 본연의 법으로 돌아가도록 인도하는 것이라고 설명했다. 그리하여 스님은 이 사람들이 온 아시아를 돌아다니며 찾는 것을 그들 자신의 내면에서 찾도록 되돌린 것이다.

나무가 스스로 자라게 하라

모든 일은 스스로 일어난다. 자기의 할 일을 했으면 결과는 자연에 맡겨라. 쌓인 업의 힘에 맡겨라. 부처님께서는 그렇게 가르치셨다. 하지만 노력을 그치라는 말은 아니다. 나무를 심은 뒤 억지로 빨리 자라게 할 수 없듯이, 지혜의 열매도 억지로 빨리 맺히게 하거나 천천히 맺히게 할 수 없다. 나무들은 저마다 자라는 속도가 있다. 그대가 할 일은 구덩이를 파고, 나무에게 물을 주고, 거름을 주고, 해충들이 갉아먹지 않도록 나무를 지키는 것이다. 그대가 할 일은 그만큼이며, 나머지는 믿음으로 맡겨야 한다. 나무가 어떻게 자랄지는 그 나무에게 달려 있다. 이런 자세로 수행하면 그대는 모든 일이 다 잘될 것임을 확신할 수 있으며, 그대의 나무는 잘 자랄 것이다.

그러므로 자신의 일과 나무의 일이 다르다는 점을 알아야 한다. 나무의 일은 나무에게 맡기고, 그대는 자신의 일에 책임을 다하라. 만일 마음이 자기의 할 일을 잘 모른다면, 나무가 하루아침에 자라서 꽃을 피우고 열매까지 맺게 하려고 억지로 밀어붙일 것이다. 이것은 그릇된 관점이며 괴로움을 일으키는 주요한 원인이다. 오직 올바른 방향으로 수행하고, 나머지는 자신의 업에 맡겨라. 그러면 이번 삶에 깨닫든, 백 번이나 천 번을 더 태어난 뒤에 깨닫든 평화롭게 수행할 수 있을 것이다.

처음에는 좋아도

아잔 차 스님이 미국에 새로 세워진 수련원을 방문했을 때 많은 수련생은 스님의 가르침에 매료되었으며 깊은 감명을 받았다. 사람들의 두려움과 집착을 놀리는 스님의 설법은 명쾌하고 단도직입적이면서도 애정 어리고 익살스러웠다. 그처럼 노련하고 유명한 스승을 직접 대하는 것은 무척 신나는 일이었다. 스님이 들려주는 새로운 이야기들, 황색 가사를 입은 승려들, 새롭고 신선하게 법을 표현하는 스님의 설법은 하나같이 다 감동적이었다. 수련생들은 스님에게 좀더 오래 머물러 달라고 요청했다.

"제발 예정대로 일찍 가지 마시고 좀더 오래 머물러 주세요. 스님이 계시니 저희는 참 행복합니다."

아잔 차 스님은 미소를 지으며 말했다.

"무엇이든 처음에는 다 좋아 보입니다. 그렇지만 내가 여기에 계속 머물면서 여러분을 가르치고 수행하도록 시키면, 여러분은 내게 싫증이 날 것입니다. 그렇지 않을까요? 흥분이 가라앉을 때 여러분의 수행은 어떻습니까? 여러분은 머지않아 내게 싫증이 날 것입니다. 가만히 있지 못하고 늘 뭔가 새로운 것을 바라는 이 마음을 어떻게 해야 멈출 수 있을까요? 누가 여러분에게 그것을 가르칠 수 있을까요? 그래야만 참 진리를 배울 수 있을 터인데."

3부 | 삶이 수행이다

명상은 삶과 분리된 것이 아니다. 살면서 마주치는 상황들은 모두 수행할 기회, 지혜와 자비 안에서 성숙할 기회를 준다. 아잔 차 스님은 가르친다. 어떤 상황에 처하든 늘 알아차리는 것이 바른 수행이다. 세상에서 도망치지 마라. 집착 없이 행동하는 법을 배워라.

스님은 덕(德)이야말로 영적인 삶의 토대라고 강조한다. 현대 사회는 덕을 대수롭지 않게 보지만, 덕을 명상의 기초로 이해하고 존중해야 한다. 덕이란 우리가 생각이나 말, 행위로 다른 존재에게 해를 끼치지 않도록 주의하는 것이다. 이렇게 존중하고 관심을 기울이면 주위의 모든 생명과 조화로워진다. 오직 사랑으로 말하고 행동할 때만 마음을 고요히 하고 가슴을 열 수 있다. 우리가 비폭력을 실천할 때 삶의 모든 상황은 수행으로 바뀌어 간다.

스님은 삶을 중도 위에 더욱 튼튼히 자리 잡게 하는 수단으로 중용과 홀로서기를 권한다. 극단으로 흐르는 삶에서는 지혜가 자라기 어렵다. 알맞게 먹고 알맞게 자고 알맞게 말하는 등 기본적인 것들에 유의하면 내면의 삶이 균형 잡히는 데 도움이 된다. 또 홀로 설 힘이 강

해진다. 다른 사람의 수행법을 흉내 내지 말고, 자신을 그들과 비교하지 마라. 아잔 차 스님은 그렇게 주의를 준다. 그들을 내버려 두어라. 자기의 마음을 지켜보는 것만도 힘든 일인데, 어찌하여 다른 사람까지 판단하여 짐을 더 무겁게 하는가. 호흡과 일상생활을 명상의 장소로 사용하는 법을 배워라. 그러면 반드시 지혜 안에서 자라게 될 것이다.

늘 깨어 있어라

알맞은 노력은 어떤 특정한 일이 일어나게 하려는 노력이 아니다. 그것은 순간순간 알아차리며 깨어 있으려는 노력이며, 게으름과 번뇌를 극복하려는 노력이며, 우리의 일상 행위를 명상으로 삼으려는 노력이다.

뱀 꼬리를 붙잡지 마라

"우리가 여기에서 하는 수행은 아무것도 붙잡지 않는 것이라네."
아잔 차 스님이 새로 들어온 승려에게 말했다.

"하지만 때로는 뭔가를 붙잡을 필요가 있지 않습니까?" 그 승려가
이의를 제기했다.

"손으로는 그렇지만 마음으로는 아니지." 스님이 대답했다. "마음
이 고통스러운 것을 붙잡고 있을 때는 뱀에게 물려 있는 것과 같다
네. 또 마음이 욕망 때문에 즐거운 것을 붙잡고 있을 때는 뱀의 꼬리
를 붙잡고 있는 것과 같지. 뱀은 곧 머리를 뒤로 돌려 그대를 물을 걸
세."

"알아차림과 붙잡지 않음을 부모처럼 여기며 마음의 안내자로 삼
게. 그러면 그대의 좋아함과 싫어함이 자녀들처럼 소리치며 올 게야.
'이건 싫어요, 엄마. 저걸 더 많이 갖고 싶어요, 아빠.' 그럴 때는 그냥
미소 지으며 말하게. '그렇구나, 애야.' '하지만 엄마, 정말 코끼리를

갖고 싶다고요.' '그렇구나, 애야.' '사탕을 먹고 싶어요. 비행기 타러 가지 않을래요?' 그것들을 붙잡지 않고 그냥 오고 가게 내버려 두면 아무 문제도 없을 걸세."

어떤 것이 감각 기관에 와 닿는다. 좋아함과 싫어함이 일어난다. 바로 그곳에 망상이 있다. 그러나 현재에 머물며 알아차리면, 같은 경험을 하면서도 지혜가 생길 것이다.

수많은 것이 감각 기관에 와 닿는 번잡한 장소를 꺼리지 마라. 그대가 꼭 그곳에 있어야 한다면……. 깨달음은 귀먹고 눈먼 상태가 아니다. 사물들이 감각 기관에 와 닿는 것을 막기 위해 쉬지 않고 만트라(진언)만 외우다가는 도리어 차에 치일 수도 있다. 지금 일어나는 일을 늘 알아차림으로써 속지 않게 하라. 남들이 어떤 것을 보고 예쁘다고 하면 그대는 속으로 말하라. "그렇지 않다." 남들이 어떤 것을 보고 맛있다고 하면 그대는 속으로 말하라. "아니, 그렇지 않다." 세상에 대한 집착이나 상대적인 판단에 얽매이지 마라. 그 모든 것이 지나가게 내버려 두어라.

남들에게 너그럽게 대하기를 두려워하는 사람들이 있다. 너그럽게 대하면 그들에게 이용당하거나 곤란한 일을 당할 수 있고, 손해를 볼 수도 있다고 느낀다. 너그러움을 키우면 줄어드는 것은 탐욕과 집착 뿐이다. 또 우리의 참된 본성이 스스로 드러나며, 더 가벼워지고 더 자유로워진다.

덕

수행에는 두 가지 수준이 있다. 첫째 수준은 기초가 되는 것이며, 사람들과 행복하고 편안하고 조화롭게 살기 위해 계율을 지키고 덕(德)과 도덕성을 계발하는 것이다. 둘째 수준은 편안함을 구하지 않고 정진하는 것이며, 오직 깨달음을 위해, 마음의 해탈을 위해 부처님의 법을 실천하는 것이다. 이 해탈은 지혜와 자비의 근원이며, 부처님께서 가르침을 펴신 참된 까닭이다. 참된 수행의 토대는 이 두 가지 수준을 이해하는 것이다.

덕과 도덕성은 우리 안에서 법이 잘 자라도록 알맞은 영양분을 주고 바른 방향으로 이끄는 어머니와 아버지다. 덕이 기초가 될 때 세상은 조화로울 수 있으며, 그럴 때 사람들은 동물이 아니라 인간으로서 참되게 살 수 있다. 덕을 키우는 것은 수행의 핵심 가운데 하나다.

그것은 아주 단순하다. 수행의 계율을 지켜라. 살생하지 말고, 도둑질하지 말고, 거짓말하지 말고, 음행하지 말고, 부주의로 이끄는 취하게 하는 것을 마시지 마라. 모든 생명에 대한 존중심과 자비심을 길러라. 그대의 물건, 소유물, 행위, 말에 주의하라. 덕을 이용하여 삶을 단순하고 순수하게 하라. 모든 일을 덕으로 하면 그대의 마음이 자비롭고 맑고 고요해질 것이다. 이런 토양에서는 명상이 쉽게 자랄 것이다.

부처님께서는 "나쁜 것을 삼가고, 선(善)을 행하고, 가슴을 맑게 하라."고 가르치셨다. 그렇다면 우리의 수행은 가치 없는 것을 없애고 가치 있는 것을 지키는 것이다. 그대의 마음속에 아직도 나쁜 것이나 미숙한 것이 있는가? 물론 그럴 것이다. 그러니 왜 집을 깨끗이 청소하지 않는가?

나쁜 것을 없애고 좋은 것을 키우는 수행은 훌륭하지만 한계가 있다. 종국에는 좋은 것과 나쁜 것까지 넘어서야 한다. 그러면 마침내 거기에는 모든 것을 포용하는 자유가 있고, 사랑과 지혜가 자연스럽게 흘러나오는 무욕(無慾)이 있다.

올바른 노력과 덕이란 겉으로 무엇을 행하는지가 아니라, 끊임없이 내면에서 알아차리고 절제하는 것이다. 따라서 좋은 의도로 하는 보시는 자신과 다른 사람을 행복하게 할 수 있지만, 보시가 순수하려면 덕에서 우러나와야 한다.

법을 알지 못하는 사람은 그릇되게 행할 때 주위를 둘러보며 아무
도 지켜보고 있지 않음을 확인하려고 한다. 이 얼마나 어리석은가!
부처, 법, 우리의 업은 언제나 지켜보고 있다. 부처가 그렇게 멀리는
볼 수 없다고 생각하는가? 우리는 어떠한 책임도 면할 수 없다.

정원사가 나무를 돌보듯이 그대의 덕을 돌보라. 크고 작음, 중요하
고 하찮음에 집착하지 마라. 어떤 사람들은 지름길을 원한다. 그들은
말한다. "집중 훈련은 필요 없어, 곧바로 통찰 수행을 할 거야. 덕 같
은 것은 필요 없어, 집중 훈련부터 할 거야." 우리는 수많은 말로 집
착을 변명한다.

우리는 지금 있는 바로 이 자리에서 직접적이고 단순하게 시작해
야 한다. 덕과 바른 관점이라는 첫 두 단계를 마치면 번뇌를 뿌리 뽑
는 셋째 단계가 굳이 주의를 기울이지 않아도 자연스럽게 일어날 것
이다. 일단 빛이 생기면 어둠을 어떻게 없앨까 걱정하지 않으며, 어
둠이 어디로 갔는지 궁금해하지도 않는다. 그저 빛이 있음을 알 뿐이
다.

계율을 따르는 데는 세 가지 수준이 있다. 첫째는 스승이 내려 준

108

수행 규범으로서 계율을 실천하는 것이다. 우리가 스스로 계율을 실천하고 계율 안에서 살 때, 둘째 수준이 올라온다. 그러나 최고의 경지에 오른 존귀한 존재들은 옳고 그름이나 계율을 생각할 필요조차 없다. 참된 덕은 가슴속의 사성제를 아는 지혜에서 비롯되며 바른 이해로 행한다.

덕과 집중, 지혜는 하나다

부처님께서는 괴로움에서 벗어나는 길, 괴로움의 원인과 괴로움을 끝내는 길을 가르치셨다. 나는 수행을 통해서 이 단순한 길을 알게 되었다. 이 길의 처음은 덕으로서 좋고, 중간은 집중으로서 좋고, 마지막은 지혜로서 좋다. 이 셋을 주의 깊게 고찰해 보면, 이 셋이 하나로 합쳐지는 것을 보게 될 것이다.

그러면 이제 서로 연관된 이 세 요소를 살펴보자. 덕을 어떻게 실천하는가? 사실, 덕을 닦으려면 지혜에서 시작해야 한다. 전통적으로는 계율을 지킨 뒤에 덕을 세우라고 말한다. 그러나 덕이 완전해지려면 덕의 숨은 뜻까지 완전히 이해하는 지혜가 있어야 한다. 처음에는 몸과 말을 관찰하면서 원인과 결과의 과정을 살펴야 한다. 몸과 말을 관찰하면서 그것들이 어떤 식으로 해를 끼치는지 알게 되면, 원인과 결과를 이해하고 제어하고 정화하게 될 것이다.

몸과 말의 행위에서 성숙한 것과 미숙한 것의 특성을 안다면, 그대는 미숙한 것을 버리고 좋은 것을 행하기 위해 어디에서부터 수행해야 하는지를 이미 알고 있는 셈이다. 그대가 그릇된 것을 버리고 자기를 바르게 세울 때, 마음은 굳건해지고 흔들리지 않으며 하나로 모인다. 마음이 이처럼 집중되면 몸과 말에 관한 동요와 의심이 줄어든다. 모습이나 소리가 다가올 때는 고요해진 마음으로 관찰하며 분명히 볼 수 있다. 마음이 제멋대로 떠돌게 내버려 두지 않으면 모든 경험의 성질을 진실하게 볼 것이다. 이 앎이 계속될 때 지혜가 일어난다.

그러면 덕, 집중, 지혜는 하나로 여겨질 것이다. 그 셋이 성숙하면 모두 같은 것을 가리키는 말이 된다. 그것이 팔정도다. 탐욕, 미움, 망상이 올라올 때 이 길만이 그것들을 부술 수 있다.

덕, 집중, 지혜는 서로 뒷받침하며, 보이는 모습, 소리, 냄새, 맛, 촉감, 마음의 대상에 의지하여 나선형으로 계속 돌며 상승할 수 있다. 그러면 무엇이 일어나든 늘 팔정도가 다스린다. 팔정도의 힘이 강하면, 탐욕과 미움과 무지 같은 번뇌를 파괴한다. 팔정도의 힘이 약하면, 번뇌들이 지배하며 마음을 죽일 것이다. 보이는 모습, 소리 같은 대상들이 일어날 때 이들의 실상을 알지 못하면, 우리는 그것들이 우리 자신을 파괴하도록 내버려 두는 셈이 된다.

팔정도와 번뇌는 이처럼 나란히 간다. 법을 배우는 제자는 마치 서로 싸우는 두 사람을 대하듯이 이 둘과 늘 씨름하게 된다. 팔정도가 다스릴 때는 알아차림과 관찰력이 강화된다. 만일 그대가 계속 알아차리고 있으면, 번뇌는 다시 싸우러 들어올 때 패배를 인정할 것이다. 팔정도를 바르게 수행하면, 팔정도는 번뇌를 계속 부순다. 그러나 수행을 게을리하여 팔정도의 힘이 약해지면, 번뇌가 마음을 점령하여 집착과 망상과 괴로움을 일으킬 것이다. 괴로움은 덕, 집중, 지혜가 약할 때 일어난다.

일단 괴로움이 일어나 버리면, 이런 괴로움들을 소멸할 수도 있었을 길이 사라진 것이다. 오직 덕, 집중, 지혜만이 팔정도를 다시 일으킬 수 있다. 이 셋이 계발될 때 팔정도는 제 기능을 발휘하여 각각의 상황에서 괴로움을 일으키는 원인을 순간순간 부수어 버린다. 이러한 싸움은 한쪽이 완전히 이길 때까지 계속되며, 그제야 이 문제는 끝날 수 있다. 그래서 쉬지 말고 수행하라고 권하는 것이다.

수행은 지금 여기에서 시작된다. 괴로움과 해탈, 팔정도는 지금 여기에 있다. 덕이나 지혜 같은 말, 가르침이 가리키는 것은 마음이다. 그러나 팔정도와 번뇌라는 두 가지 요소는 수행의 길이 끝날 때까지 줄곧 마음속에서 싸운다. 그러므로 수행의 길을 따르기는 힘들고 어려운 일이며, 그대는 참을성과 끈기, 알맞은 노력에 의지해야 한다. 그러면 참된 이해가 스스로 일어날 것이다.

덕, 집중, 지혜는 함께 팔정도를 이룬다. 하지만 팔정도는 그 자체로는 진리가 아니며, 부처님께서 진정으로 원하신 것도 아니다. 단지 우리를 그곳으로 데려가는 길일 뿐이다. 예를 들어, 그대가 방콕에서 왓 바퐁까지 오는 길을 따라 여행을 했다고 가정해 보자. 여기로 오려면 길이 있어야 하지만, 그대가 찾고 있던 것은 길이 아니라 수도원이었다. 마찬가지로, 덕과 집중, 지혜는 그 자체로는 부처님의 진리가 아니며, 이 진리로 인도하는 길인 것이다. 이 세 가지 요소를 충분히 계발하면 그 결과로 더없이 좋은 평화가 뒤따른다. 이 평화 안에서는 보이는 모습과 소리가 마음을 방해하지 못한다. 이제는 아무것도 할 일이 없다. 그러므로 부처님께서는 무엇을 붙잡고 있든지 아무 염려하지 말고 다 놓아 버리라고 말씀하신다. 그때 그대는 이 평화를 스스로 알 수 있으며, 더는 다른 사람을 믿을 필요가 없을 것이다. 마침내 그대는 고귀한 존재들의 법을 체험하게 될 것이다.

그러나 자신이 얼마큼 발전했는지를 성급히 재 보려고 하지는 마라. 그저 수행하라. 그러지 않으면 그대는 마음이 고요해질 때마다 물을 것이다. "이게 그것인가?" 이렇게 생각하는 순간, 모든 노력은 수포가 되어 버린다. "이 길은 왓 바퐁으로 가는 길입니다."라는 식으로 그대의 향상을 증명해 줄 표지판은 없다. 모든 바람과 기대를 던져 버리고, 마음이 어떤 식으로 움직이는지를 직접 바라보라.

무엇이 자연스러움인가?

어떤 사람들은 '자연스럽게' 수행하기를 원한다고 말하며 우리의 생활 방식이 자연스럽지 않다고 불평한다.

나무가 숲속에 있을 때는 자연 그대로 있다. 만일 그대가 나무를 베어 집을 짓는다면, 그 나무는 더는 자연 그대로가 아니다. 그렇지 않은가? 하지만 나무를 사용하는 법을 배워서 목재를 만들고 집을 짓는다면, 그 나무는 그대에게 더 많은 가치가 있다. 개도 자연스럽다고 말할 수 있을 것이다. 개들은 냄새를 좇아서 이리저리 뛰어다닌다. 혹시 누가 먹을 것을 던져 주면 우르르 달려와서 서로 싸운다. 그대는 그것을 원하는가?

우리는 수행을 하면서 자연스럽다는 말의 참된 뜻을 깨달을 수 있다. 진정한 자연스러움은 우리의 습관과 조건, 두려움 너머에 있다. 이른바 자연스러운 충동만을 따르며 길들여지지 않은 인간의 마음은 탐욕과 미움, 망상으로 가득 차서 고통을 받게 된다. 그러나 우리가 바르게 수행을 하면 지혜와 사랑이 자연스럽게 자라나서 어떤 환경에서도 활짝 꽃피어 날 것이다.

절제

수행을 하면서 유념해야 할 세 가지 기본 사항이 있다. 첫째는 감각의 억제이며, 감각의 느낌에 탐닉하거나 집착하지 않도록 주의한다는 뜻이다. 둘째는 알맞게 먹는 것이며, 셋째는 늘 깨어 있는 것이다.

감각의 억제　우리는 시각 장애, 청각 장애, 신체의 불구 등 육체의 장애는 쉽게 알아보면서 마음의 장애는 잘 알아보지 못한다. 명상을 시작하면 사물을 달리 보게 된다. 이전에는 정상적으로 보이던 마음 상태가 실은 비뚤어져 있음을 볼 수 있게 되고, 이전에는 괜찮아 보였던 곳에서 위험성을 볼 수 있게 된다. 그러면 감각을 억제해야겠다는 마음이 생기게 된다. 숲이나 밀림으로 들어간 사람이 해로운 생물이나 가시 등의 위험성을 알아차리듯이 그대는 여러 가지 위험 요소에 민감해진다. 상처를 입어 살갗이 벗겨진 사람도 파리와 모기의 위

116

험성을 더 많이 알아차리게 된다. 명상하는 사람에게 위험한 것들은 감각의 대상에서 온다. 그래서 감각의 억제가 필요하다. 사실, 이것은 가장 높은 수준의 덕이다.

식사의 절제 금식하는 것은 오히려 쉽다. 하나의 명상으로서 적게 먹거나 알맞게 먹기가 더 어렵다. 자주 금식하는 대신, 자신의 필요를 민감하게 알아차리면서 필요에 맞게 먹는 법을 배우고, 욕망과 필요를 구별하는 법을 배워라.

몸을 밀어붙이는 것이 그 자체로 자학은 아니다. 잠을 자지 않거나 금식하며 정진하는 것이 극단적으로 보일 수 있겠지만, 그만한 가치가 있을 수도 있다. 우리는 기꺼이 게으름과 번뇌에 맞서고 그것들을 휘저은 뒤 지켜보려고 해야 한다. 일단 이것들을 이해하게 되면 극단적인 수행을 더 할 필요가 없다. 우리가 적게 먹고 적게 자고 적게 말해야 하는 것은 이 때문이다. 욕망에 맞섬으로써 그것들이 스스로 드러나게 하기 위함인 것이다.

깨어 있음 알아차림을 굳게 세우려면, 열심히 하고 싶을 때뿐 아니라 언제라도 멈추지 말고 계속 노력할 필요가 있다. 가끔 철야 정진을 하더라도 평소에 게으름을 피운다면 올바른 수행이라고 할 수 없다. 부모가 어린 자녀를 지켜보듯이 쉬지 말고 마음을 지켜보라. 마음을 어리석음으로부터 보호하고, 마음에게 올바른 것을 가르쳐라.

어떤 상황에서는 명상할 틈을 낼 수 없다고 생각하는 것은 옳지 않다. 언제 어디서나 자기 자신을 알기 위해 쉬지 말고 노력해야 한다.

명상은 어떤 상황에서도 계속 이어지는 호흡처럼 지속되어야 한다. 어떤 사람들은 염송이나 울력 같은 활동을 싫어하며 명상으로 여기지 않는다. 이런 사람은 결코 깨어 있음을 배우지 못할 것이다.

자신에게 의지하라

부처님께서는 진리를 알고자 하는 사람은 스스로 깨달아야 한다고 가르치셨다. 그러면 남들이 그대를 비난하든 칭찬하든 아무런 차이가 없다. 그들이 뭐라고 말하든 그대는 흔들리지 않을 것이다. 자신에게 의지하지 못하는 사람은 다른 사람이 자기를 나쁘다고 비난할 때 그 말을 믿고서 자기를 나쁘게 여길 것이다. 이 무슨 시간 낭비란 말인가! 만일 사람들이 그대를 나쁘다고 말하면, 오직 자기 자신을 살펴보라. 그 말이 옳지 않으면 흘려보내고, 그 말이 옳으면 배워라. 어느 경우든 화낼 이유가 어디에 있겠는가? 이렇게 볼 수 있는 사람은 진실로 평화로울 것이다. 잘못된 것은 어디에도 없을 것이며, 오직 법만이 있을 것이다. 부처님께서 우리에게 주신 도구들을 잘 사용하면 다른 사람을 부러워할 필요가 없다. 게으른 사람들은 그저 귀로만 듣고 믿으려 하지만, 그대는 자신의 힘으로 충분히 살아갈 수 있을 것이다.

자기의 능력만 써서 수행하기는 힘들다. 그것은 그대의 것이기 때문이다. 처음에는 수행이 어렵게 느껴졌을 것이다. 남과 경쟁하고 남의 것을 붙잡으려 했기 때문이다. 그 뒤에 자신의 것으로 수행하라는 부처님의 가르침을 알고 나서는 그렇게만 하면 다 잘될 것이라고 여겼을 것이다. 그런데 이제는 그 역시 어렵다는 것을 알게 된다. 부처님은 여기에서 한 걸음 더 나아가도록 가르치신다. 만일 그대가 무언가를 붙잡는다면 그것이 누구의 것인지는 중요하지 않다. 이웃집에 있는 불을 붙잡아도 불은 뜨겁고, 자기 집에 있는 불을 붙잡아도 불은 뜨거울 것이다. 그러므로 아무것도 붙잡지 마라.

나는 이렇게 수행했다. 이 길은 직접적인 길이라고 불린다. 나는 누구와도 겨루지 않는다. 그대가 경전이나 심리학을 들고 와서 나와 논쟁하려 한다면, 나는 응하지 않을 것이다. 그대가 수행이 진정 무엇인지를 이해하도록 원인과 결과를 보여 줄 뿐이다. 우리는 자기 자신에게 의지하는 법을 배워야 한다.

흉내 내지 마라

사람들은 스승을 흉내 내기 쉽다는 점을 유념해야 한다. 그들은 복제품이나 인쇄물, 혹은 주조물이 된다.

왕의 말을 훈련한 어느 조련사의 이야기가 있다. 늙은 조련사가 죽자 왕은 새로운 조련사를 채용했다. 그런데 이 사람은 한쪽 다리가 불편하여 늘 절뚝거리며 걸었다. 그는 새로 들어온 멋진 말들을 훌륭하게 조련했다. 빨리 달리거나 천천히 걷는 법, 수레를 끄는 법 등을 훌륭히 잘 가르쳤다. 하지만 이 종마들은 점점 한쪽 다리를 절뚝거리게 되었다. 이를 본 왕은 조련사를 불러들였다. 다리를 절뚝거리며 궁정으로 들어오는 조련사의 모습을 본 왕은 모든 사정을 이해하게 되었고, 다시 새로운 조련사를 채용했다.

스승은 제자들이 자신을 보면서 그대로 따라 한다는 것을 명심해야 한다. 이보다 더 중요한 것은 제자들이 스승의 이미지나 겉모습을 따르지 말아야 한다는 것이다. 스승은 그대에게 내면의 완전함으로 돌아가는 길을 가리키고 있다. 내면의 지혜를 본받되, 스승의 절뚝거리는 모습은 흉내 내지 마라.

자기를 알면 남을 알게 된다

그대 자신의 마음과 몸을 알라. 그러면 남의 마음과 몸도 알게 될 것이다. 사람의 표정이나 말, 몸짓, 행위들은 모두 그의 마음 상태에서 나온다. 깨달은 존재인 부처는 이것을 알아본다. 그 저변에 있는 마음 상태들을 이미 다 겪어 보았고 지혜로 꿰뚫어 보기 때문이다. 어린 시절을 겪어 본 현명한 어른들이 어린아이의 행동을 이해할 수 있는 것과 마찬가지다.

자기를 아는 지혜는 기억과는 다르다. 노인들은 내면은 밝으면서도 바깥일에 대해서는 어수룩할 수 있다. 책을 통해 뭔가를 배우기는 몹시 힘들고, 사람들의 이름과 얼굴도 쉽게 잊어버린다. 세숫대야를 달라고 말하려다가 흐릿한 기억력 탓에 그새 잊어버리고, 대신 컵을 달라고 말할 수도 있다.

마음속에서 일어나고 사라지는 상태를 보면서 그 과정을 붙잡지 않고 행복과 고통을 모두 놓아 버리면, 그것들이 마음속에서 다시 태어나 사는 기간은 점점 짧아진다. 놓아 버려라. 그러면 설령 지옥에 떨어진다 해도 크게 동요하지 않을 것이다. 그 역시 일시적임을 알기 때문이다. 묵은 업은 바른 수행을 통해서 저절로 떨어져 나간다. 모든 일이 어떻게 일어나고 지나가는지를 알기에 그대는 그저 알아차리며 그것들이 자기의 길을 가도록 놓아둘 수 있다. 이것은 두 그루의 나무를 키우는 것과 같다. 한 나무에는 거름과 물을 주고 다른 나무는 돌보지 않는다면, 어느 나무가 자라고 어느 나무가 죽을지는 보지 않아도 알 수 있다.

남을 내버려 두어라

남들에게서 흠을 찾지 마라. 그들이 그릇되게 행동한다고 해도 구태여 그대 자신을 괴롭게 할 필요는 없다. 무엇이 옳은지 지적해 주어도 그들이 따르지 않는다면 그냥 내버려 두어라.

부처님은 여러 스승에게 배우면서 그들의 길에 부족한 점이 있다는 것을 알게 되었지만, 그들을 비판하지 않았다. 그저 겸손하고 존중하는 마음으로 공부했기에 그들과의 만남을 통해서 도움을 받았다. 그들의 체계가 완전하지 않다는 것을 알아차렸지만, 아직 진리를 깨닫지 않았으므로 그들을 비판하거나 가르치려 하지 않았다. 부처님은 깨달음을 얻은 뒤에야 도반들을 겸허하게 떠올렸고, 새로 발견한 깨달음을 함께 나누기를 원했다.

참사랑

참사랑은 지혜다. 사람들이 사랑이라고 생각하는 것은 대개 일시적인 감정일 뿐이다. 아무리 맛있는 음식이라도 날마다 같은 것만 먹는다면 곧 질리게 될 것이다. 마찬가지로, 그런 사랑은 결국 미움과 슬픔으로 변한다. 세속의 행복은 그 속에 집착이 담겨 있으며 늘 고통에 묶여 있다. 고통은 도둑을 쫓는 경찰관처럼 뒤따라온다.

그러나 우리는 그런 감정을 억누르거나 막을 수 없다. 그것들을 붙잡지 말고 자신의 것으로 여기지 말아야 하며, 오직 있는 그대로 알아야 한다. 그러면 법은 여기에 있다. 우리가 사랑하는 사람은 언젠가 떠나거나 죽는다. 슬퍼하고 그리워하며 두고두고 생각하는 것, 이미 변한 것을 붙잡으려 하는 것은 고통일 뿐 사랑이 아니다. 우리가 이 진실을 받아들이고 더는 무언가를 필요로 하거나 바라지 않을 때, 욕망을 초월하는 지혜와 참사랑이 우리의 세계를 가득 채운다.

삶을 통해 배워라

진정한 문제는 할 일이 없어 지루한 것이 아니다. 마음을 가까이 들여다보면 늘 활동하고 있음을 볼 수 있다. 따라서 우리가 해야 할 일은 늘 있는 셈이다.

생활 속의 작은 일을 할 때도 자신에게 의지하면, 이를테면 식사 후에 설거지를 할 때는 정성 들여 깨끗이 씻고, 허드렛일을 할 때는 지금 일어나는 일을 알아차리며 즐겁게 하고, 주전자들을 들고 갈 때는 서로 부딪쳐 큰 소리가 나지 않도록 주의하면서 걸어가면 집중이 더 잘 되고 수행이 쉬워진다. 또 자신이 현재에 머물며 흔들림 없이 알아차리고 있는지, 아니면 번뇌에 빠져서 길을 잃고 있는지를 스스로 깨달을 수 있다.

서양에서 온 여러분은 대체로 조급하게 서두른다. 그래서 행복과 고통, 번뇌도 훨씬 극단적이다. 하지만 여러분이 바르게 수행하기만 하면, 해결해야 할 문제가 많다는 사실은 오히려 나중에 깊은 지혜의 원천이 될 수 있다.

마음에 맞서라

부처님의 자비와 지혜를 생각해 보라. 부처님께서는 스스로 깨달은 뒤에야 우리를 가르치셨다. 자신의 일을 마친 뒤에야 우리의 일에 관여하셨으며, 이 모든 훌륭한 방편을 알려 주셨다. 나는 부처님께서 보여 주신 길을 따라 수행했으며, 진리를 찾기 위해 모든 것을 버리고 온갖 노력을 다했다. 부처님의 가르침, 곧 팔정도와 수행의 결실, 열반이 존재한다는 것을 믿었기 때문이다. 하지만 이러한 것들은 우연히 일어나지 않는다. 바르게 수행하고, 바르게 노력하고, 용감하고 대담하게 훈련하고 생각하고 적응하고 행동할 때 일어난다. 자기의 마음에 맞서는 것도 이런 노력의 일환이다.

부처님께서는 마음을 믿지 말라고 말씀하신다. 왜냐하면 마음은 오염되었고 순수하지 않으며, 덕 또는 법이 체현되지 않았기 때문이다. 따라서 어떤 방식으로 수행하든 우리는 마음에 맞서야 한다. 마음은 저항에 부닥칠 때 화를 내고 괴로워하며, 우리는 바른 길을 걷고 있는지 의심하기 시작한다. 수행을 하다 보면 번뇌와 욕망이 방해받는 탓에 고통을 겪게 되며, 심지어 수행을 그만두고 싶어질 수도 있다. 하지만 부처님께서는 이것이 바른 수행이며, 불타고 있는 것은 그대 자신이 아니라 번뇌라고 가르치셨다. 그런 수행이 어려운 것은 당연한 일이다.

어떤 수행승들은 말과 책에 의지해 법을 탐구한다. 물론 공부할 때는 경전에 따라서 공부하라. 그러나 번뇌와 싸울 때는 경전 밖에서 싸워라. 하나의 본보기만을 그대로 따르며 싸운다면 적을 이기지 못할 것이다. 경전은 하나의 사례를 보여 줄 뿐이며 기억과 관념에 기초하므로 여기에 지나치게 의존하면 길을 잃을 수도 있다. 관념적인 생각은 환상을 만들고 윤색하며, 그대를 바로 여기에 있는 단순한 진실 너머로, 천국과 지옥으로, 머나먼 상상의 나라로 데려갈 수도 있다.

수행을 해 보면 처음에는 홀로 있는 것이 중요하다는 것을 알게 될 것이다. 따로 떨어진 곳에 홀로 머물 때는 사리불 존자가 승려들에게 몸의 격리, 마음의 격리, 번뇌와 유혹으로부터의 격리에 관해 조언한 말을 생각해 보라. 그는 몸의 격리가 원인이 되어 마음의 격리가 일어나고, 마음의 격리가 원인이 되어 번뇌로부터의 격리가 일어난다고 가르쳤다. 물론 가슴이 고요하면 어디에서나 살 수 있지만, 법을 처음 배우기 시작할 때는 몸의 격리가 대단히 귀중하다. 오늘이든 언제든 마을에서 멀리 떨어진 곳으로 가서 앉아 보라. 홀로 머물면서 명상해 보라. 혹은 두려움이 느껴지는 어느 산꼭대기로 혼자 올라가 보라. 그러면 자기를 바라본다는 것이 진정 어떠한 것인지 점차 알게 될 것이다.

마음이 고요하건 고요하지 않건 상관하지 마라. 수행을 하는 동안 그대는 바른 원인을 짓고 있으며, 일어나는 일은 무엇이든 좋게 이용할 수 있을 것이다. 성공하지 못할까, 고요해지지 않을까, 미리 걱정하지 마라. 성실하게 수행하면 반드시 법 안에서 자랄 것이다. 먹는 자는 배부를 것이요, 찾는 자는 볼 것이다.

놓아 버려라

무슨 일을 하든지 놓아 버리는 마음으로 하라. 어떤 칭찬이나 보답
도 바라지 마라. 조금 놓으면 조금 평화로워질 것이다. 많이 놓으면
많이 평화로워질 것이다. 완전히 놓아 버리면 완전한 평화와 자유를
알게 될 것이다. 세상과의 싸움이 끝날 것이다.

4부 | 명상과 수행

아잔 차 스님의 가르침이 대개 그렇듯이 명상을 지도하는 스님의 방법도 단순하고 자연스럽다. 대체로 스님은 자리에 앉아서 호흡을 지켜보거나 걸으면서 몸을 알아차리라고 말할 뿐이다. 어느 정도 지나면, 이 두 가지 자세를 취하는 동안 마음을 자세히 관찰함으로써 그 본성과 특성을 알아차리라고 말한다. 처음 수행하는 사람에게는 이 정도 가르침이 전부일 때도 있다.

아잔 차 스님은 수행자들이 수행법을 법 자체와 혼동하지 않도록 주의를 기울인다. 법은 지금 여기에 있는 것이며, 법 수행은 지금 여기에 있는 것, 우리의 세계, 몸과 마음의 본성과 특성을 어떤 식으로든 분명히 깨닫기 위한 것이다. 따라서 스님은 어떤 특정한 기법을 강조하지 않는다. 수행자들이 처음부터 내면의 힘과 혼자 힘으로 수행하는 법을 배우기를 바란다. 필요할 때는 질문해도 좋지만, 기본적으로는 마음을 지켜보고 이해할 수 있는 자기의 능력을 믿고, 체험을 비추어 주는 자기의 지혜를 믿으면서 수행하기를 바라는 것이다.

그러나 왓 바퐁에 머물면서 홀로 수행하고, 몇몇 선배 승려의 조언도 듣고, 문답과 설법을 많이 듣다 보면 수행의 세밀한 부분을 배우게 된다. 또한 이곳에서는 예로부터 숲속에서 전해 내려온 다양한 명상 기법, 이를테면 '붓도'(Buddho)와 같은 간단한 만트라 외우기나 묘지 명상, 또는 몸의 서른두 부분을 관찰하는 명상도 특정한 수행자에

게 적합하다고 판단되면 가르친다. 그런 특정한 경우가 아니라면, 보통은 단순하고 직접적인 형태로 명상을 한다.

스님은 좌선할 때 가부좌를 하든 다른 자세를 취하든 균형 잡히고 바르게 곧추세운 자세로 앉는 것이 가장 좋다고 말한다. 그러면 등과 머리가 똑바로 서고 가슴이 활짝 열려서 호흡이 방해받지 않게 된다. 그다음에는 가만히 앉아서 몸을 조용히 안정시킨 뒤 호흡 명상을 시작한다.

좌선 수행의 첫 번째 목표는 마음을 고요히 하여 한곳에 모으는 것이다. 편안하고 자연스럽게 호흡에 주의를 집중하고, 숨이 아무런 장애 없이 들어오고 나가게 하라. 숨이 콧구멍으로 들어오고 나갈 때의 직접 경험, 그 감각에 집중하라. 숨이 오가는 감각을 최대한 길게 고요히 따라가라. 마음이 다른 곳으로 벗어났음을 알아차릴 때마다(훈련될 때까지는 수천 번도 넘게 반복될 것이다) 살며시 돌아와서 다시 호흡에 집중하라.

이 명상은 우리의 가장 직접적인 체험, 곧 늘 변하는 현실인 호흡을 이용하여 마음을 집중하는 방법이다. 수행자는 집중력과 알아차리는 힘을 키우기 위해 이 단순한 훈련을 끈질기게 계속하도록 지도받는다. 호흡에만 집중하는 이 단순한 수행법에 숙달되면, 나중에는 가장 높은 수준의 몰입과 삼매에 들어갈 수 있다.

어떤 사람들은 명상을 하다가 자연스럽게 삼매에 들 수 있지만, 아잔 차 스님은 삼매는 수행의 목표가 아니라고 가르친다. 또한 호흡을 알아차리는 훈련을 통해 길러진 집중력과 고요함을 둘째 단계의 수행에 이롭게 사용하라고 말한다. 마음이 어느 정도 고요해지고 집중되면 몸과 마음의 작용을 관찰하라고 한다. 관찰하거나 조사하라는 말은 우리의 세계가 어떻게 일어나고 있는지를 직접 느끼고 체험하라는 뜻이지, 그것에 관해 생각하라는 뜻이 아니다. 아잔 차 스님은 몸과 마음의 집합체들을 조사하라고 권유한다. 처음에는 몸을 알아차린다. 몸은 뜨겁고 차갑고 밝고 어둡고 부드럽고 단단하고 무겁고 가볍고 등등 항상 변하는 감각과 요소들의 놀이로서 직접 경험된다. 순간순간 변하는 감정의 집합체들—즐겁다, 보통이다, 불쾌하다—을 조사하라. 지각의 놀이, 기억과 생각의 놀이, 반작용과 의지의 놀이, 의식의 놀이, 그리고 이러한 각각의 경험이 매 순간 새롭게 하는 특성을 알아차려라. 이런 집합체들이 일어나고 변하고 지나가면서 역동적으로 상호 작용하는 것이 바로 삶임을 보라. 감각의 대상, 느낌, 인식, 반응, 의지의 과정이 계속해서 되풀이된다. 욕망이나 기대가 일어날 때 어떤 경험을 하는지 알아차려라. 괴로움의 원인을 알아차려라. 욕망에 사로잡혀 있지 않을 때는 마음이 고요함을 알아차려라. 끊임없이 변하고 덧없이 흘러가는 성질을 갖지 않은 경험이 있는가?

영원한 만족을 주는 경험이 있는가? 자아, 나, 에고가 없는 경험이 있는가? 이 모든 것 가운데 과연 어디에 자아가 있는가? 조사해 보라. 그러면 모든 것이 예외 없이 변하고 있음을 알게 될 것이다. 어디에도 '나'라고 하는 것은 없으며, 어떤 고정된 자아도 존재하지 않는다. 오직 이 과정뿐.

경험과 그 특성을 깊이 들여다보는 법은 좌선을 할 때만 배우는 것이 아니다. 걸으면서 지켜보라. 자연스러운 걸음으로 오가며 걷기 명상을 하되, 가능하면 오랫동안 그렇게 해 보라. 주의를 기울이는 법을 배워라. 그러면 이해하지 못할 것은 아무것도 없을 것이다. 이것이 수행의 핵심이다.

많은 수도원에서는 스승과 매일 면담하는 것이 수행에 꼭 필요하다고 보지만, 아잔 차 스님은 이를 권장하지 않는다. 수행자의 질문에는 언제라도 대답을 해 주지만 정기적인 면담은 하지 않는다. 스님은 자신의 질문에 스스로 답하는 법을 배우는 것이 더 낫다고 말한다. 마음속의 의심이 어떻게 일어나고 지나가는지 배워라. 직접 깨닫는 것 말고는 그 누구도, 그 무엇도 그대를 자유롭게 해 줄 수 없다. 마음을 고요히 하고 지켜보는 법을 배워라. 부처님의 모든 법이 늘 스스로 드러나고 있음을 알게 될 것이다.

알아차림

동물을 생태에 따라서 육지 동물과 바다 동물로 나눌 수 있듯이 명상도 집중과 통찰이라는 두 범주로 나눌 수 있다. 집중 명상은 마음을 고요히 하여 한곳에 모으려는 것이다. 통찰 명상은 무상(無常), 고(苦), 무아(無我)에 대한 지각을 키우는 것이며, 그 바다에 다리를 놓는 것이다.

우리가 자신의 존재 모습에 대해 어떻게 느끼든 우리의 할 일은 그것을 바꾸려고 애쓰는 것이 아니다. 우리는 우리의 존재 모습을 있는 그대로 보며 놓아두어야 한다. 괴로움이 있는 곳에는 괴로움에서 벗어나는 길도 있다. 부처님께서는 태어나고 죽고 괴로워하는 것을 보면서, 태어남과 죽음 너머에 있고 괴로움에서 해방된 그 무엇이 틀림없이 있다는 것을 아셨다.

명상법들은 알아차림을 키우도록 돕는 데 가치가 있다. 알아차림을 이용하여 밑바탕에 있는 진실을 보는 것이 핵심이다. 우리는 마음 속에서 일어나는 모든 욕망, 좋아함과 싫어함, 즐거움과 괴로움을 알 아차림으로써 지켜본다. 그것들이 모두 일시적이며 괴롭고 자아가 없음을 알아차리고서 모두 놓아 버린다. 이런 식으로 무지 대신 지혜 가 들어서고, 의심 대신 앎이 자리 잡는다.

명상의 대상을 고를 때는 자기 성향에 맞는 것을 스스로 찾아야 한 다. 어디를 선택하여 알아차림의 대상으로 삼든지 마음속에서 지혜 가 자랄 것이다. 알아차림이란 지금 여기에 있는 것을 알고 인지하며 지각하는 것이다. 분명한 이해란 현재가 어떤 맥락에서 일어나고 있 는지를 아는 것이다. 알아차림과 분명한 이해가 함께할 때, 그들의 동료인 지혜가 늘 나타나서 어떠한 일이든 끝마치도록 도울 것이다.

마음을 지켜보라. 경험이 일어나고 사라지는 과정을 지켜보라. 처 음에는 움직임이 계속 이어진다. 하나가 지나가자마자 다음 것이 일 어나며, 사라짐보다 일어남이 더 많은 것처럼 보인다. 하지만 시간이 갈수록 우리는 더 또렷하게 보며, 이런 것들이 어떻게 그처럼 빨리 일어나는지 이해하기 시작한다. 마침내 우리는 그것들이 일어나고, 끝나고, 다시 일어나지 않는 지점에 도달한다.

우리는 알아차림을 통해서 사물들의 참 주인이 누구인지를 알 수 있다. 그대는 세상이 그대의 것이며 몸이 그대의 것이라고 생각하 는가? 세상은 세상의 것이며, 몸은 몸의 것이다. 몸에게 늙지 말라 고 말하면, 몸이 그 말을 따르는가? 위장이 아파도 좋겠느냐고 그대

에게 허락을 구하는가? 우리는 이 집을 빌려 쓰고 있을 뿐이다. 누가
진짜 주인인지를 왜 깨닫지 못하는가?

위빠싸나의 정수: 마음을 지켜보라

바른 자세로 앉아 주의를 기울이며 수행을 시작하라. 방바닥에 앉아도 좋고, 의자에 앉아도 좋다. 처음에는 여러 가지 대상에 주의를 기울이지 않아도 된다. 단지 숨이 들어오고 나가는 것만을 알아차려라. 숨이 들어오고 나가는 것을 지켜보면서, 도움이 된다고 느껴지면 '붓도'(Buddho)나 '담모'(Dhammo), '상고'(Sangho)를 만트라로 삼아 암송해도 좋다.

호흡을 알아차리는 동안 억지로 호흡을 조절하려고 하지 말아야 한다. 호흡을 조절하려고 애쓰는 것은 바른 태도가 아니다. 호흡을 관찰하다 보면, 호흡이 너무 짧거나 길게 혹은 너무 부드럽거나 무겁게 느껴질 수 있다. 호흡이 제대로 오가지 않거나 편안하지 않게 느껴질 수도 있다. 그래도 그냥 놓아두고, 스스로 자리 잡게 두어라. 언젠가는 자유롭게 들어오고 나갈 것이다. 이 상태로 들락거림이 안정

되고 그대가 알아차리고 있다면 바르게 숨을 쉬고 있는 것이다.

　마음이 산란해질 때는 잠시 멈추고서 다시 주의를 모아라. 처음에는, 호흡에 집중하고 있을 때 마음은 호흡이 어떤 식으로 이루어지기를 바란다. 그래도 호흡을 조절하려 하지 말고 근심하지도 마라. 단지 호흡을 알아차리기만 하고 그냥 놓아두어라. 계속 그렇게 하라. 저절로 삼매가 자랄 것이다. 이렇게 수행을 계속하다 보면 가끔 호흡이 멈출 때가 있다. 그럴 때도 두려워하지는 마라. 호흡에 대한 지각이 멈춘 것뿐이며, 미세한 요소들은 계속 이어지고 있다. 때가 되면 호흡은 예전처럼 저절로 돌아올 것이다.

　마음을 이처럼 고요히 할 수 있다면, 그대는 어디에 있든—의자에 앉아 있든, 차 안에 있든, 배를 타고 있든—주의를 모으고서 곧바로 고요한 상태로 들어갈 수 있을 것이다. 어디에 있든 앉아서 명상할 수 있을 것이다.

　이 지점에 이르면 팔정도를 어느 정도 아는 셈이지만, 감각의 대상들은 계속 관찰해야 한다. 그대의 고요한 마음을 보이는 모습, 소리, 냄새, 맛, 촉감, 생각, 마음의 대상, 마음의 요소들을 향해 돌려 보라. 무엇이 일어나든 그것을 조사하라. 그것을 좋아하는지 싫어하는지, 기분이 유쾌해지는지 불쾌해지는지를 알아차리되, 그것에 휘말리지는 마라. 좋아함이나 싫어함은 겉으로 보이는 세계에 대한 반작용일 뿐이다. 더 깊이 꿰뚫어 보아야 한다. 그러면 처음에는 좋거나 나쁘게 보이던 것도 사실은 일시적이며 불만족스럽고 텅 비어 있음을 알게 될 것이다. 무엇이 일어나든 모두 이 세 가지 범주로 분류하라. 좋은 것이든, 나쁜 것이든, 악한 것이든, 굉장한 것이든, 다른 어떤 것이든 예외를 두지 마라. 이것이 위빠싸나의 길이며, 이를 통해 모든 것이 평온해질 것이다.

이렇게 수행을 하면 머지않아 일시성, 불만족스러움, 비어 있음을 또렷이 볼 수 있는 통찰과 지혜가 일어날 것이다. 이것이 참 지혜의 시작이고, 명상의 핵심이며, 해탈로 인도하는 길이다. 그대의 경험을 따라가라. 그것을 보라. 멈추지 말고 정진하라. 진실을 알라. 버리고, 비우고, 평화를 얻는 법을 배워라.

명상을 하다 보면 신기한 경험을 하거나 환상을 볼 수도 있다. 빛이나 천사 또는 부처님을 보는 사람들도 있다. 이런 것을 볼 때는 먼저 자기를 지켜봄으로써 마음이 어느 상태에 있는지 알아야 한다. 기본 사항을 잊지 마라. 주의 깊게 살펴라. 환상들이 나타나기를 바라지 말고, 나타나지 않기를 바라지도 마라. 그런 경험을 좇는 사람은 헛되이 쓸데없는 소리만 늘어놓을 것이다. 마음이 외양간을 떠났기 때문이다. 그런 일이 찾아오면 면밀히 조사하고, 그것들에게 속지 마라. 그것들은 자기 자신이 아님을 알아야 한다. 그것들 역시 일시적이며 불만족스럽고 자기가 아니다. 그런 일들이 생겨도 심각하게 받아들일 필요는 없다. 만일 그런 것들이 떠나지 않는다면, 알아차림을 다시 굳세게 하고, 호흡에 주의를 모으고, 적어도 세 번 이상 숨을 길게 들이쉬고 내쉬어라. 그러면 그것들을 중단시킬 수 있을 것이다.

무슨 일이 일어나든지 계속해서 주의를 다시 모아라. 아무것도 자기 자신이라고 여기지 마라. 모든 것은 마음이 만들어 낸 환상에 불과하며, 그대로 하여금 좋아하고 붙잡고 두려워하게 만드는 속임수일 뿐이다. 마음이 만들어 낸 것들을 볼 때 말려들지 마라. 지혜로운 사람에게는 특이한 경험이나 환상도 가치가 있지만, 지혜롭지 못한 사람에게는 해롭다. 그런 것들에 마음이 흔들리지 않을 때까지 계속 수행하라.

이런 식으로 자기 마음을 신뢰할 수 있다면 아무 문제도 없을 것이다. 마음이 즐거움을 원하면, 그대는 이런 즐거움이 불확실하고 불안정한 것임을 알아차려라. 수행을 하다가 만나는 환상이나 체험을 두려워하지 말고, 그것들을 다루는 법을 배워라. 이렇게 하면 번뇌를 이용하여 마음을 훈련할 수 있으며, 깨끗하고 집착하지 않고 극단에 치우치지 않는 마음의 본래 성품을 알게 된다.

내가 보기에 마음은 한 점(點), 우주의 중심과 같고, 마음의 이런 저런 상태들은 이 점에 찾아와 잠시 혹은 좀더 길게 머물다 가는 손님과 같다. 이 손님들을 잘 알아야 한다. 그들은 당신을 유혹하기 위해 생생한 그림을 보여 주고 매혹적인 이야기를 들려줄 것이다. 그런 것들에 익숙해지되, 그대의 의자는 내주지 마라. 앉을 수 있는 의자는 그 하나뿐이기 때문이다. 만일 그대가 자리에서 일어나지 않고 계속 앉아 있는 채로 손님이 올 때마다 반갑게 맞이하고, 자신을 알아차림 속에 굳게 세우고, 그대의 마음을 깨어 있는 자, 아는 자로 변모

시키면, 손님들은 결국 다시 찾아오지 않을 것이다. 그대가 손님들에게 진정으로 주의를 기울이면, 이들이 몇 번이나 되돌아올 수 있겠는가? 이 자리에서 그들과 얘기를 나누어 보면 그들 하나하나를 잘 알게 될 것이다. 그대의 마음은 마침내 평화로워질 것이다.

걷기 명상

매일 걷기 명상을 해 보라. 먼저 두 손을 앞으로 모아 합장하고, 마음이 흐트러지지 않도록 가벼운 긴장감을 유지하라. 평소 걸음으로 길의 한쪽 끝에서 다른 쪽 끝까지 걷되, 걷는 동안 줄곧 자신을 알아차려라. 끝까지 가면 멈추고서 다시 돌아오라. 만일 마음이 제자리를 벗어나 떠돌면, 걸음을 멈춘 뒤 마음을 다시 제자리로 데려오라. 그래도 마음이 계속 벗어나면 호흡에 주의를 기울여라. 계속해서 다시 돌아오라. 이렇게 계발된 알아차림은 늘 유용하게 쓰인다.

몸이 피로를 느끼면 자세를 바꾸어라. 그러나 바꾸고 싶다는 충동을 느끼자마자 바꾸지는 마라. 우선 왜 바꾸고 싶어 하는지를 알아야 한다. 몸이 피로해서인가, 마음이 가만히 있지 못하기 때문인가, 아니면 게으름 때문인가? 몸의 고통에 주목하라. 있는 그대로 주의 깊게 지켜보는 법을 배워라. 수행은 몸으로 노력하는 게 아니라 마음으로 노력하는 것이다. 이것은 좋아함이나 싫어함이 올라올 때 그대로 따르지 않고, 마음속에서 일어나는 일을 끊임없이 알아차리려고 노력한다는 뜻이다. 이런 식으로 알아차리지 않으면, 설령 밤새 좌선을 하거나 걷기 명상을 한다고 해도 그 효과는 적을 것이다.

미리 정한 지점에서 다른 지점까지 걷는 동안, 눈길은 2미터쯤 앞에 두고 몸의 느낌에 주의를 모아라. 아니면 '붓도'와 같은 만트라를 반복해도 좋다. 마음속에서 일어나는 것들을 두려워하지 마라. 그것들을 탐구하고, 그것들을 알라. 진실은 생각과 느낌 이상이다. 그러므로 그것들을 믿지 말고, 그것들에 사로잡히지도 마라. 일어나고 끝나는 전체 과정을 보라. 이렇게 이해하면 지혜가 생긴다.

불을 켜자마자 백열전구에 빛이 들어오듯이, 의식이 일어날 때는 일어나는 순간 바로 알아차려야 한다. 늘 경계하고 있지 않으면 장애물이 마음을 사로잡을 것이다. 집중만이 장애물을 극복할 수 있다. 소유물을 소홀히 하지 않는 까닭은 도둑들이 있음을 알기 때문이다. 마찬가지로, 집중을 소홀히 하지 않으려면 장애물이 있음을 잊지 말아야 한다.

아픈 자는 누구인가?

1979년 늦은 봄, 아잔 차 스님은 미국 매사추세츠 주 바레에 있는 위빠싸나 명상 수련원을 방문했다. 스님은 그곳에 열흘 동안 머물며 가르쳤는데, 오후에는 수련원의 뜰을 거닐며 산책을 했다. 모든 수련생이 잔디밭에서 느린 걸음으로 걷기 명상을 하는 모습을 보고서, 스님은 명상 수련원이 속세에 찌든 마음의 병을 치료하는 병원 같다고 말했다. 그렇게 산책하다가 수련생들을 지나칠 때면, 그들에게 "곧 좋아질 겁니다. 곧 좋아지길 바랍니다."라며 큰 소리로 외치곤 했다.

사람들은 저마다 다르게 반응하므로 우리는 자신에게 알맞은 수행법을 골라야 한다. 몸에 대한 명상은 욕정이 지나치게 많은 사람이나 숲속에 사는 승려들에게 알맞은 방법이다.

몸에 대한 명상은 몸을 바라보는 것이다. 몸의 부분들, 실제 구성 요소들을 바라보라. 머리부터 시작하여 머리카락, 털, 손톱, 이빨, 피부 등 모든 곳을 바라보라. 이것들을 몸의 다른 부분과 분리해 보라. 마음속으로 피부를 벗기고 그 안을 들여다보라. 그대는 그것을 원하는가? 몸이 진정 무엇인지를 아는 사람은 다음의 첫 세 가지 족쇄를 끊을 수 있다.

첫째, 몸을 나의 것으로 여기고 나 자신이라고 보는 관점을 끊을 수 있다. 우리는 몸이 우리 자신이 아니며 우리의 것이 아님을, 이 세상에 있는 것은 그 무엇도 우리의 것이 아님을 알게 될 것이다.

둘째, 회의적인 의심을 끊을 수 있다. 모든 것을 있는 그대로 알게 되면 의심이 끝난다.

셋째, 종교 의식에 바탕을 둔 수행법에 집착하지 않을 수 있다. 마음속에 의심이 있으면, "이 수행법은 그다지 좋지 않은 것 같아." 하고 생각할 수 있다. 그러나 일단 몸이 무엇인지를 분명히 안다면, 몸 역시 다른 것들과 마찬가지로 일시적이며 불만족스럽고 자아가 없음을 분명히 본다면 이 의심은 해소될 것이다.

몸에 대해 명상을 할 때는 몸의 서른두 부분을 모두 관찰할 필요는 없다. 만일 한곳에 집중하고 그곳을 있는 그대로 본다면, 곧 그곳이 일시적이며 불만족스럽고 비어 있으며 깨끗하지 않음을 본다면, 자신의 몸과 다른 사람의 몸이 모두 이와 같음을 알게 될 것이다. 서른두 개의 얼음덩이가 있어도 하나만 만져 보면 모든 얼음이 차갑다는 것을 알 수 있는 것과 마찬가지다.

몸의 부정(不淨)함에 대해 계속 명상을 하면, 죽음에 관한 명상도

150

함께 이루어진다. 한 가지 가르침에 대한 이해가 자라면, 다른 모든 가르침에 대한 이해도 함께 자란다. 예를 들어, 자신이 죽는다는 사실을 이해하면 세상의 모든 생명에 대해 매우 민감해질 수 있는 것이다. 그러면 자연스럽게 그릇된 행위를 피하게 되고, 모든 존재와 서로 연결되어 있음을 느끼며, 우리에게 남은 날들을 지혜롭게 쓰고 싶어질 것이다.

집중

　우리는 조용한 환경에서 수행하고 싶은데, 시끄러운 소리들, 자동차, 사람들의 목소리, 보이는 것들이 다가와서 마음을 산란하게 하며 성가시게 한다고 생각한다. 하지만 누가 누구를 성가시게 하고 있는가? 사실은 우리가 그들에게 가서 그들을 성가시게 하고 있다. 자동차나 소리는 본래의 성질을 따르고 있을 뿐이다. 우리는 사물들이 우리 바깥에 있다는 잘못된 생각을 믿고서 그것들을 성가시게 하며, 언제나 조용하고 방해받지 않는 이상적인 상태에 집착한다.

　우리를 성가시게 하는 것은 사물들이 아니며, 오히려 우리가 사물들을 성가시게 한다는 것을 알아야 한다. 세상을 거울로서 보라. 세상이란 모두 마음이 비친 것이다. 이 점을 알면 순간순간 늘 자랄 수 있으며, 모든 경험은 진실을 드러내고 이해를 줄 것이다.

　훈련되지 않은 마음은 대개 걱정과 근심으로 가득 차 있게 마련이다. 그래서 사람들은 수행하다가 조금만 삼매를 맛보아도 그 고요함에 쉽게 집착하며, 이 상태를 명상의 목적으로 착각하게 된다. 심지어 자신의 욕정이나 탐욕, 미움이 다 끝났다고 생각할 수도 있는데, 그러면 나중에는 그것들에 제압당해 꼼짝 못 하게 될 것이다. 사실, 마음이 동요 상태에서 벗어나지 못할 때보다 더 안 좋은 것은 고요함이라는 덫에 걸려 있을 때다. 왜냐하면 동요하는 상태에 있을 때는 벗어나고 싶은 마음이라도 있지만, 고요할 때는 이 상태에 만족하며 더 나아가려고 하지 않기 때문이다.

통찰 명상을 하다가 더없이 행복하고 또렷한 상태가 오더라도 그것들에 집착하지 마라. 삼매의 맛은 달지만, 그 또한 일시적이며 불만족스럽고 비어 있음을 보아야 한다. 부처님께서는 삼매를 명상의 본질로 보지 않으셨다. 수행할 때는 삼매나 어떤 특별한 경지를 얻겠다는 생각 없이 수행하라. 오로지 마음이 고요한지 아닌지를 알아차리고, 만일 고요하다면 조금 고요한지 많이 고요한지를 알아차려라. 그러면 고요함은 저절로 깊어질 것이다.

그러나 지혜가 생기려면 집중이 굳게 자리 잡아야 한다. 마음을 집중하는 것은 전등 스위치를 켜는 것과 같고, 지혜는 전구에 들어오는 불빛과 같다. 스위치를 켜지 않으면 불빛도 없겠지만, 스위치를 가지고 노느라 시간을 낭비해서도 안 된다. 또한 집중은 빈 그릇과 같고, 지혜는 빈 그릇에 담긴 음식과 같다.

만트라와 같은 명상의 대상에도 집착하지 마라. 그것의 목적을 알

라. 예를 들어, '붓도'라는 만트라를 이용하여 마음을 집중한 뒤에는 만트라를 내려놓아라. '붓도'의 암송을 멈추는 것은 게으름을 피우는 것이라고 생각하는 것은 잘못된 것이다. '붓도'는 '아는 자'를 뜻한다. 그대가 아는 자가 된다면, 왜 그 말을 되풀이하겠는가?

꾸준히 수행하라

인내와 절제는 수행의 시작이며 토대다. 처음 시작할 때 우리는 스스로 정한, 또는 수련회나 수도원에서 정한 수행법이나 진행 계획을 따른다. 동물을 길들이려면 적당히 통제해야 하듯이 우리도 자신을 제한할 필요가 있다. 길들이기 힘든 동물에게는 먹이를 적게 주어야 한다. 우리는 이곳에서 탐닉의 습관을 잘라 내기 위해 음식과 옷, 거처를 제한하고 최소한의 필수품으로 생활하며 고행에 가까운 수행을 하고 있다.

이런 수행은 집중을 위한 기초다. 모든 자세와 행동을 끊임없이 알아차리면, 마음이 고요하고 맑아진다. 하지만 이런 고요함은 수행의 목적지가 아니다. 음식을 먹으면 배고픔이 잠시 없어지듯이, 고요한 상태는 마음을 잠시 쉬게 한다. 그러나 먹는 것이 삶의 전부는 아니듯, 그대는 고요해진 마음을 새로운 빛으로, 지혜의 빛으로 사물을 보는 데 사용해야 한다. 가슴이 지혜에 굳게 자리 잡으면, 그대는 좋거나 나쁘다고 하는 세상의 기준에 집착하지 않고 바깥의 조건들에 마음이 흔들리지 않을 것이다. 지혜를 이용하면 분노가 거름으로 쓰이듯이 모든 경험은 통찰의 근원이 된다. 우리는 대개 칭찬을 바라고 비난을 싫어한다. 그러나 맑은 마음으로 보면 그것들은 둘 다 비어 있다. 그리하여 우리는 이 모든 것을 놓아 버릴 수 있고 평화를 찾을 수 있다.

얼마나 오랫동안 수행을 해야 결과를 얻을까, 하고 걱정하지 마라. 그저 수행하라. 참을성을 길러라. 다리가 아프면 스스로 말하라. "내게는 다리가 없다." 머리가 아프면 생각하라. "내게는 머리가 없다." 밤에 좌선을 하다가 졸리면 생각하라. "지금은 낮이다." 호흡을 알아차리며 명상하는 중에 가슴에 불편한 느낌이 생기면, 몇 번 길게 심호흡을 하라. 만일 마음이 이리저리 떠돌면, 잠시 호흡을 멈추고서 마음이 가는 대로 내버려 두어라. 그리 멀리 가지는 않을 것이다.

적당한 시간이 지나면 자세를 바꾸어도 좋다. 하지만 가만히 있지 못하는 마음이나 불편한 느낌에 쉽게 끌려가지는 마라. 때로는 그런 느낌들을 무시하는 것도 좋다. 몸이 달아오르고, 다리가 아프고, 집중할 수 없을 것이다. 그러면 그런 느낌들에게 사라지라고 말하라. 느낌들은 점점 더 심해지다가 한계점에 도달할 것이며, 그 과정이 지난 뒤에는 고요해지고 시원해질 것이다. 그러나 다음 날이 되면, 그대의 마음은 그런 수행을 다시 하려 하지 않을 것이다. 자기를 길들이러면 쉬지 말고 노력해야 한다. 오랫동안 훈련을 계속하면 언제 밀어붙이고 언제 쉴 것인지를 알게 되고 몸의 피로와 게으름을 분간하게 될 것이다.

깨달음에 대해 걱정하지 마라. 나무를 키울 때는 나무를 심고 물을 주고 거름을 주고 해로운 벌레들을 쫓아내며, 이런 일이 제대로 되면 나무는 저절로 자란다. 하지만 나무가 얼마나 빨리 자랄 것인지는 그대가 어찌할 수 있는 일이 아니다.

처음에는 인내와 끈기가 필요하지만, 나중에는 믿음과 확신이 생긴다. 그러면 수행의 가치를 알게 되고 계속 수행하고 싶어진다. 사람들과 어울리기를 피하고 혼자 조용한 곳에 있기를 원한다. 어떻게든 시간을 내어 자기에 관해 공부하고 수행하려고 노력한다.

기초 단계부터 수행을 시작하라. 정직하고 맑은 마음으로 하고, 무슨 일을 하든지 알아차리면서 하라. 나머지는 저절로 뒤따를 것이다.

7일만 수행하면 깨달을 수 있다

아잔 차 스님은 법문을 하면서, 부처님께서 제자들에게 "부지런히 수행하는 사람은 7일 안에 반드시 깨닫게 될 것이며, 그렇지 못해도 7달 혹은 7년 안에는 틀림없이 깨닫게 될 것이다."라는 말씀으로 격려하셨다는 얘기를 들려주었다. 이 말을 들은 젊은 미국인 승려가 지금도 그러하냐고 물었다. 아잔 차 스님은 7일 동안 끊임없이 알아차리면 깨닫게 될 것이라고 약속했다.

그 젊은 승려는 신이 나서 7일 수행을 시작했다. 그러나 10분 만에 알아차림을 놓치고 말았다. 곧 정신을 차리고서 7일 수행을 다시 시작했지만, 또다시 생각에 빠져 버렸다. 혹시 깨닫고 나면 무엇을 할까, 생각했을지도 모른다. 그는 거듭하여 7일 수행을 다시 시작했지만, 번번이 알아차림을 지속하지 못했다. 일주일이 지난 뒤, 그는 깨닫지는 못했지만 습관적인 상상과 방황하는 마음을 잘 알게 되었다.

그것은 진정한 깨어남으로 가는 팔정도 수행을 시작하는 데 큰 도움이 되었다.

조급하게 결과를 기대하지 말아야 한다. 믿음과 확신이 있는 사람은 끈질기게 계속해 나가겠다고 결심할 것이다. 시장에서 장사하는 여인이 물건을 팔기 위해 "비누 사세요, 바구니 사세요, 연필 있어요."라며 쉬지 않고 외치듯이.

독경도 수행이다

아잔 차 스님이 제자들을 훈련하는 주요 부분 가운데 하나는 제자
들이 자신에게 알맞은 일이라면 무엇이든, 집착하지 않고 균형 잡힌
마음으로 행하도록 돕는 것이다.

비구계를 받은 한 서양인 정신과 의사는 이 교훈을 배워야 했다.
우안거(雨安居) 세 달 동안 스승의 지도를 받으며 열심히 명상을 하고
싶었던 그는 왓 바퐁에 머물게 해 달라고 요청했다. 며칠 뒤, 아잔 차
스님은 한자리에 모인 승려들에게 우안거 동안 해야 할 필수 일과로
새벽 3시 반부터 4시 40분까지, 그리고 오후 5시부터 6시까지 경전
을 염송하라고 말했다. 그러자 새로 계를 받은 이 서양인 승려는 손
을 들고서, 자기는 명상을 하러 왔지 독경이나 하면서 시간을 낭비하
러 온 게 아니라며 큰 소리로 이의를 제기했다. 서양에서 하듯이 공
개 석상에서 스승에게 항변하는 그의 태도는 다른 승려들에게 충격

160

을 주었다.

아잔 차 스님은 차분히 설명하면서 참된 명상은 숲속의 오두막에 앉아 고요함을 찾는 것만이 아니라, 어떤 행위를 하든지 늘 알아차리며 바른 태도로 하는 것이라고 말했다. 그리고 왓 바퐁에 머물고 싶다면 우안거 동안 날마다 독경에 참석해야 한다고 일렀다. 그 정신과 의사는 왓 바퐁에 머물렀고 아름답게 염송하는 법을 배웠다.

시간에 개의치 마라

　우리는 명상을 복잡하게 만드는 경향이 있다. 예를 들어, 좌선을 시작하면서 "그래, 이번에는 반드시 해내고야 말겠다."고 결심하기도 한다. 하지만 이것은 올바른 마음가짐이 아니다. 그런 날에는 아무 것도 이루어지지 않을 것이다. 처음에는 당연히 그런 식으로 붙잡으려 한다. 나도 처음에는 밤에 좌선을 시작하면서, "그래, 오늘 밤에는 무슨 일이 있어도 새벽 1시 전에는 일어나지 않겠다."고 결심한 적이 많았다. 하지만 오래지 않아 마음은 불평하고 반항하기 시작했고, 급기야 나중에는 죽고 싶은 마음까지 들기도 했다. 무엇이 문제였던가?

　바르게 좌선을 하고 있다면, 시간을 재거나 억지로 끌고 나갈 필요가 전혀 없다. 거기에는 이루어야 할 목표도 없고, 도달해야 할 경지도 없다. 저녁 7시, 8시 혹은 9시까지 앉아 있게 되더라도 상관하지 마라. 조금도 관심 두지 말고 그저 앉아 있어라. 무리하게 계속하려 하지 마라. 억지로 밀어붙이지 마라. 마음에게 반드시 어떻게 하라고 명령하지 마라. 도리어 흐지부지될 수 있기 때문이다. 마음을 편안히 있게 내버려 두고, 호흡이 고르고 자연스럽도록 놓아두어라. 호흡을 짧거나 길게, 또는 어떤 특정한 방식으로 바꾸려고 하지 마라. 몸을 편안하게 놓아두어라. 꾸준히 계속 명상하라. 욕망이 그대에게 물을 것이다. "얼마나 늦게 가려고 해? 얼마나 오래 명상하려고?" 그러면 꾸짖어라. "이봐, 나를 내버려 둬!" 욕망들이 올 때마다 계속 무찔러라. 그대를 방해하려고 찾아오는 번뇌이기 때문이다. 그저 이렇게 말하라. "내가 일찍 끝내든 늦게 끝내든 잘못될 것은 없다. 설령 밤새 앉아 있다 한들 내가 누구를 괴롭히겠는가? 왜 너는 찾아와서 나를 방해하는가?" 욕망을 잘라 버리고 계속 그대의 방식대로 앉아 있어라. 마음이 편안해지도록 놓아두어라. 그러면 그대는 고요해지고 집착의 힘에서 풀려날 것이다.

어떤 사람들은 막대 향을 피워 놓고서 향이 다 탈 때까지 앉아 있겠다고 맹세한다. 그러고는 "이제는 다 탔을까?" 하고 생각하면서, 막대 향이 얼마나 탔는지 흘끔흘끔 쳐다보며 계속 시간에 신경을 쓴다. 또 어떤 사람들은 이번에 깨치지 못하면 차라리 죽어 버리겠다고 맹세하고는 한 시간 뒤에 그만둘 때 심한 죄책감을 느낀다. 이런 사람들은 욕망의 지배를 받는다.

시간에 개의치 마라. 서두르지 말고 멈추지 말고, 한 걸음 한 걸음

꾸준히 수행해 가라. 수행이 점점 나아질 것이다. 맹세할 필요는 없다. 자신을 훈련하는 일에 계속 매진하고, 수행을 하여 마음이 저절로 고요해지게 하라. 마침내 그대는 긴 시간 동안 편하게 앉아 바르게 수행할 수 있을 것이다. 다리의 통증은 저절로 없어진다는 것을 알게 될 것이다. 계속 관찰하라.

이렇게 수행하면 내면에서 변화가 일어날 것이다. 잠들 때는 마음을 고요히 가라앉히고 잠들 수 있을 것이다. 이전에는 자면서 코를 골거나 잠꼬대를 했을 수도 있고, 이를 갈거나 몸을 뒤척였을 수도 있다. 마음이 훈련되면 그런 버릇들이 사라질 것이다. 깊은 잠을 잔 뒤에는 새롭게 충전되어 깨어날 것이다. 몸은 편히 쉬지만, 마음은 낮이고 밤이고 깨어 있을 것이다. 이것이 바로 붓도이며, 아는 자, 깨어난 자, 행복한 자, 환히 빛나는 자다. 이 존재는 잠들지 않으며 졸음을 느끼지도 않는다. 만일 그대의 가슴과 마음이 이처럼 굳게 자리 잡는다면, 이삼일쯤은 자지 않아도 괜찮고, 졸릴 때는 오 분에서 십 분가량 삼매에 들면 밤새 푹 잔 것처럼 상쾌한 기분으로 깨어날 수 있다. 이 경지에 이르면 몸에 관해 생각할 필요가 없다. 비록 몸에 필요한 것들을 잘 알고 사랑으로 보살피기는 하겠지만.

수행을 위한 몇 가지 도움말

수행을 하다 보면 여러 가지 형상과 환상이 보일 수 있다. 매혹적인 형상을 보기도 하고 마음을 뒤흔드는 소리를 듣기도 하는데, 그런 환상도 관찰해야 한다. 위빠싸나를 수행하다가 보이는 이런 환상들은 단순히 집중된 상태에서 보이는 것보다 더 강력할 수 있다. 무엇이 올라오든 그저 지켜보라.

얼마 전 어떤 사람이 내게 물었다. "명상을 하는 동안 여러 가지 것이 마음속에서 일어나는데, 그럴 때는 그것들을 조사해야 합니까, 아니면 그것들이 오고 가는 것을 알아차리기만 하면 됩니까?" 모르는 사람이 지나가는 것을 보면 궁금해질 수 있다. "그는 누구일까? 그는 어디로 가고 있을까? 직업이 뭘까?" 하지만 그 사람을 안다면, 그가 지나가는 것을 알아차리는 것만으로 충분하다.

욕망은 수행에 친구도 될 수 있고 적도 될 수 있다. 우리가 이곳까지 와서 수행하도록 이끄는 것은 욕망이다. 우리는 삶을 바꾸고 싶어 하고, 괴로움을 이해하여 끝내고 싶어 하는 것이다. 하지만 아직 일어나지 않은 일들을 계속 바라거나 현실이 지금과 다르기를 바라면 더 큰 고통이 일어나게 된다.

어떤 사람은 묻는다. "선사들은 배고프면 먹고 피곤하면 자라고 합니다. 그렇게 해야 합니까? 아니면 때때로 본능에 맞서면서 실험해 보아야 합니까? 만일 그렇다면 어느 정도로 해야 합니까?" 물론 실험해 봐야 하지만, 누구도 얼마만큼 해야 한다고 말할 수는 없다. 이 모든 것은 자기의 내면에서 스스로 알아야 한다. 처음 수행할 때는 글자를 배우는 어린아이와 같다. 처음에는 아무리 글자를 잘 쓰려고 애써도 번번이 삐뚤삐뚤하고 엉성하게 쓰인다. 그래도 계속 쓰는 수밖에 없다. 달리 어찌하겠는가?

좋은 수행법 가운데 하나는 "나는 왜 태어났는가?" 하고 진지하게 물어보는 것이다. 하루에 세 번씩 자신에게 물어보라. 아침, 오후, 밤에 한 번씩. 날마다 물어보라.

부처님께서는 숨을 쉴 때마다 거기에서 일시성을 보고 죽음을 보라고 제자인 아난다에게 말씀하셨다. 우리는 죽음을 알아야 한다. 우리는 살기 위해 죽어야 한다. 이것은 무슨 뜻인가? 죽는다는 것은 모든 의심과 의문이 끝난다는 뜻이며, 지금 여기에 있는 현실과 함께 여기에 있다는 뜻이다. 그대는 결코 내일 죽을 수 없으며, 지금 죽어야 한다. 그럴 수 있는가? 아, 얼마나 고요한가, 더 물을 것이 없는 평화는!

참된 정진은 몸으로 하는 것이 아니라 마음으로 하는 것이다. 집중을 위한 방법은 밥벌이를 위한 직업만큼이나 다양하다. 중요한 것은 밥을 먹는 것이지, 어떤 방법으로 밥을 얻느냐가 아니다. 마음이 욕망에서 해방되면, 무슨 일을 하고 있든 집중이 자연스럽게 이루어진다.

마약을 복용한 뒤 우연히 의미 있는 체험을 할 수도 있지만, 그것은 스스로 원인을 지어서 일으킨 결과가 아니다. 마치 원숭이에게 호르몬을 주사하여 번개같이 나무 위로 올라가서 코코넛을 따오게 만든 것처럼 일시적으로 상태가 바뀐 것뿐이다. 그런 경험은 진실하지만 좋지 않든지, 좋지만 진실하지 않을 것이다. 반면에 법은 늘 좋고 진실하다.

가끔 우리는 억지로 마음을 고요하게 만들려고 애쓰는데, 이런 노력은 마음을 훨씬 더 어지럽힌다. 그때 밀어붙이기를 멈추면 어느 정도 집중이 이루어진다. 그런데 마음이 고요해지면 우리는 궁금해하기 시작한다. "무슨 일이지? 지금 무슨 일이 일어나고 있는 거야?" 그리고 우리는 다시 동요한다.

제1차 결집 회의가 열리기 전날, 부처님의 제자 한 사람이 아난다에게 찾아가서 말했다. "내일은 승가 모임이 있습니다. 이 모임에는 완전히 깨달은 비구들이 참석합니다." 아직 완전한 깨달음을 얻지 못한 아난다는 완전히 깨어나기 위해 밤새 정진하기로 결심했다. 그러나 결국 지치고 말았다. 온 힘을 다해 노력했지만 앞으로 나아가지 못하고 있었다. 그래서 그는 다 놓아두고 잠시 쉬기로 했다. 머리가 베개에 닿는 순간, 아난다는 문득 깨달았다. 마지막에는 남아 있는 모든 욕망을, 심지어 깨달음에 대한 욕망까지도 놓아 버리는 법을 배워야 한다. 오직 그때에야 우리는 자유로워질 수 있다.

모든 것을 관찰하라

수행을 계속해 나갈수록 모든 경험, 모든 감각의 문을 주의 깊게 조사하려고 해야 한다. 소리와 같은 감각의 대상을 예로 들어 보자. 귀 기울여 잘 들어 보라. 들음과 소리는 별개의 것이다. 그대는 알아차리고 있으며, 그뿐이다. 그밖에는 아무것도 없고, 아무도 없다. 면밀하게 주의를 기울이는 법을 배워라. 이와 같이 자연 현상에 의지하고, 진실을 찾기 위해 관찰하라. 그대는 사물들이 어떻게 분리되는지 볼 것이다. 마음이 집착하지 않고 이득을 따지지 않고 사로잡히지 않을 때, 모든 것은 분명해진다.

귀가 소리를 듣고 있을 때, 마음을 관찰하라. 마음이 소리에 사로잡혀 어떤 이야기를 지어내고 있는가? 마음이 산란해지는가? 그대는 이것을 알 수 있고, 그 상태에 머물 수 있으며, 알아차릴 수 있다. 그 소리를 피해 도망치고 싶을 때가 있겠지만, 그것은 올바른 출구가 아니다. 오직 알아차림을 통해서 벗어나야 한다.

우리는 법을 좋아할 때도 있고, 좋아하지 않을 때도 있다. 그러나 문제는 법에 있지 않다. 수행을 시작하자마자 고요해지기를 바랄 수는 없다. 마음이 생각하도록, 하고 싶은 대로 하도록 놓아두고 지켜보되 반응하지 말아야 한다. 사물들이 감각 기관과 접촉할 때 평정심을 닦아야 한다. 감각의 인상들을 다 같은 것으로 보라. 그것들이 어떻게 오고 가는지 보라. 마음을 지금 이 순간에 머물게 하라. 지나간 것들에 관해 생각하지 말고, 내일 일에 관해서도 생각하지 마라. 우리가 지금 이 순간 있는 것들의 참된 특성을 늘 본다면, 모든 존재는 스스로 드러나고 있는 법임을 알게 될 것이다.

마음이 굳건해지고 모든 경험을 내려놓을 때까지 마음을 훈련하라. 그러면 대상들이 다가와도 집착 없이 지각할 것이다. 감각의 대상과 마음을 억지로 분리할 필요는 없다. 수행을 계속해 가면, 그것들은 스스로 분리되며 몸과 마음을 이루는 요소들을 보여 준다.

보이는 모습, 소리, 냄새, 맛을 있는 그대로 알게 되면, 그것들의 공통적인 성질이 일시적이며 불만족스럽고 자아가 없음을 알게 될 것이다. 이제 그대는 소리를 들을 때마다 그 소리를 이런 공통 성질로서 마음에 새긴다. 소리를 들어도 듣지 않은 것이나 다를 바 없다. 알아차림은 늘 가슴을 보호하며 떠나지 않는다. 그대가 어디를 가든 가슴이 이 상태에 머물 수 있다면 내면에서 이해력이 자랄 것이다. 이것은 조사(調査)라고 하며, 깨달음의 일곱 요인 가운데 하나다. 그것은 스스로 일어나고, 스스로 돌아가며, 자신과 대화하고, 스스로 해결하며, 느낌과 지각, 생각, 의식으로부터 초연하다. 아무것도 그것 가까이 갈 수 없다. 그것은 스스로 해야 할 일이 있다. 이 알아차림은 마음의 자동적인 측면으로서 원래부터 존재하며, 수행의 초기 단계에서 훈련을 통해 발견할 수 있다.

무엇을 보고 무엇을 하든지 모든 것을 알아차려라. 쉴 때도 명상을 그치지 마라. 어떤 사람들은 수련회를 마치고 나오면 명상을 그만두어도 좋다고 생각한다. 그래서 알아차리기를 멈추고 관찰하기를 멈춘다. 그런 식으로 하지 마라. 무엇을 보든지 관찰해야 한다. 좋은 사람이나 나쁜 사람, 부자나 가난한 사람을 보아도 그저 지켜보라. 노인이나 어린아이, 젊은이나 어른을 볼 때도 자세히 관찰하라. 이것이 우리 수행의 핵심이다.

법을 찾기 위해 관찰할 때는 크든 작든, 희든 검든, 좋든 나쁘든 모든 감각 대상의 특성, 원인과 결과, 놀음을 주시해야 한다. 생각이 일어나거든, 그것을 생각으로서 관찰하라. 이 모든 것은 일시적이며 불만족스럽고 자아가 없다. 그러니 그것들에 집착하지 마라. 알아차림은 그것들의 무덤이다. 그것들을 모두 여기에 내다 버려라. 그러면 모든 존재의 일시성과 비어 있음을 보고서 괴로움을 끝낼 수 있다. 이 삶을 계속 관찰하고 조사하라.

그대에게 뭔가 좋은 일이 생길 때는 어떤 일이 일어나는지 주목하라. 기쁜가? 그러면 그 기쁨을 관찰해야 한다. 처음에는 좋게 보이던 물건도 얼마간 쓰다 보면 싫증이 나고 남에게 주거나 팔고 싶어진다. 아무도 사려는 사람이 없으면 그냥 내버릴 수도 있다. 우리는 왜 이러한가? 우리의 삶은 일시적이며 끊임없이 변하게 되어 있다. 그대는 삶의 참된 특성을 관찰해야 한다. 일단 이런 일 가운데 어느 하나만이라도 완전히 이해하면, 모든 일을 이해할 것이다. 그 성질은 모두 같기 때문이다.

그대는 아마 어떠어떠한 광경이나 소리는 좋아하지 않을 것이다. 기억해 보라. 나중에는 그것이 좋아질 수도 있다. 전에는 불쾌감을 주었던 것이 나중에는 즐거움을 줄 수도 있다. 그런 일이 일어난다. 그런 것이 모두 일시적이며 불만족스럽고 자아가 아님을 분명히 깨닫게 되면, 그대는 그것들을 모두 내다 버릴 것이며 집착은 일어나지 않을 것이다. 그대에게 다가오는 것들이 제각기 달라 보여도 사실은 같은 것임을 알게 되면, 오직 법만이 드러날 것이다.

한번 이 흐름 속으로 들어와 해방을 맛보게 되면 다시는 돌아가지 않을 것이며, 그릇된 행위와 그릇된 이해를 넘어설 것이다. 마음은 이미 방향을 바꾸었고 흐름 속으로 들어갔을 테니 다시는 괴로움 속으로 떨어지지 못할 것이다. 마음이 어떻게 떨어질 수 있겠는가? 마음은 미숙한 행위들을 포기했다. 왜냐하면 그 안에 있는 위험성을 보기 때문이며, 다시는 몸과 말로 그릇되게 행할 수 없기 때문이다. 마음은 도(道) 속으로 완전히 들어갔으며, 자기의 임무를 알고, 자기의 할 일을 알고, 팔정도를 알며, 자기의 본성을 안다. 마음은 놓아야 할 것들을 놓아 버리며, 의심 없이 계속 놓아 버린다.

　내가 지금까지 말한 것들은 모두 말에 불과하다. 사람들이 나를 만나러 오면 나는 뭔가를 말해 주어야 한다. 하지만 이런 문제들에 관해서는 말을 많이 하지 않는 편이 가장 좋다. 미루지 말고 수행을 시작하는 것이 좋다. 나는 여러분에게 어디어디로 가라고 권하는 좋은 친구와 같다. 주저하지 말고 계속 걸어가라. 후회하지 않을 것이다.

나뭇잎은 늘 떨어진다

아시아에서는 가을마다 많은 나뭇잎이 떨어진다. 수도원의 마당과 길에도 낙엽이 쌓여서 하루 이틀마다 깨끗이 쓸어 내야 한다. 넓은 마당을 청소할 때는 스님들이 줄지어 서서, 긴 대나무 빗자루로 먼지를 일으키며 쌓인 낙엽을 말끔히 쓸어 낸다. 낙엽을 쓸다 보면 기분이 좋아진다.

그러는 사이에도 숲은 줄곧 우리를 가르친다. 나뭇잎은 떨어지고 스님들은 쓸지만, 긴 산책로 끝에 다다를 즈음 이미 쓸어 낸 길을 뒤돌아보면, 새로 떨어진 낙엽들이 저쪽 끝부터 덮기 시작하며 흩어져 있다. 심지어 쓸고 있는 동안에도 나뭇잎은 떨어진다.

"우리의 삶은 호흡과 같고, 자라고 떨어지는 나뭇잎과 같다." 아잔 차 스님은 말한다. "떨어지는 나뭇잎을 진정으로 이해할 때 우리는 날마다 길을 청소할 수 있고, 늘 변하는 이 땅에 살면서 더없이 행복할 수 있다."

174

5부 | 숲에서 배우는 교훈들

숲속에 있는 수도원들이 대부분 그러하듯 왓 바퐁의 일과는 새벽 3시에 시작하며 동트기 전까지 독경과 명상을 한다. 동이 틀 무렵, 승려들은 인근 마을로 탁발을 나가는데 대략 2킬로에서 8킬로 정도를 맨발로 걷는다. 수도원으로 돌아오면 모은 음식을 한데 모아 각자의 바리때에 똑같이 나누고, 감사의 염송을 올리며 하루에 한 번뿐인 공양을 시작한다. 공양을 마치면 제각기 오두막으로 돌아가서 오전 9시 반부터 오후 3시까지 혼자서 명상이나 공부를 하거나 일을 하기도 한다. 혹은 사원 건물이나 울타리 보수, 가사를 깁거나 새 오두막을 짓는 등 수도원 울력에 참여한다. 오후 3시에는 모두 모여서 우물물을 길어다가 저수조로 나르는 일을 돕고 중앙 마당을 청소한다. 목욕을 마친 뒤 저녁 6시가 되면 다시 모여서 저녁 예불과 명상을 하고 정기 법회를 연다. 그 뒤에는 각자의 오두막으로 돌아가서 잠들기 전까지 조용히 좌선이나 걷기 명상을 하고, 숲의 소리를 귀 기울여 듣는다.

왓 바퐁의 수행 정신은 먼저 바른 이해를 굳건히 한 뒤 이 이해를 알아차림과 함께 모든 일과 상황에 적용하는 것이다. 이런 수행 방식은 바쁜 생활을 하면서도 계속할 수 있으므로 숲에서 배우는 교훈들은 우리 현대인에게도 중요한 것들이다. 수도원에서는 탁발이나 마룻바닥을 청소하는 것이 모두 명상이며, 호흡을 따를 때나 삭발을 할 때도 동등하게 알아차림을 훈련한다. 아잔 차 스님은 때때로 수도원의 일상생활에 격의 없이 참여하여 다른 승려들과 함께 낙엽을 쓸고 청소를 한다. 그러지 않을 때는 스님의 지혜와 말씀을 들으러 끊임없이 찾아오는 방문객들을 맞아 좀더 격식을 차려 가르친다.

아잔 차 스님은 이 모든 상황에서 승려들을 가르친다. 때로는 그의 존재 자체가, 그리고 수도원의 모든 일상생활에 남들과 똑같이 직접 참여하는 것이 가르침이 된다. 많은 경우는 말로 가르치는데, 익살스러운 설명으로, 법의 실제 핵심을 짚어 줌으로, 일상생활 중에 생기는 의문에 답함으로 가르친다.

아잔 차 스님은 승려와 일반 신도들에게 수행과 영적 삶에 관해 정기적으로 저녁 설법을 한다. 설법은 질문에 응해서 행해질 수도 있고, 특정한 방문객을 위해서 또는 즉흥적인 가르침으로 행해질 수 있다. 이때 스님은 잠시 눈을 감고서 고요히 앉아 있는데, 그러면 법이 자연스럽게 흘러나오기 시작한다.

스님은 숲속에서 함께 생활하는 사람들을 다양한 방식으로 감화시킨다. 스님은 보여 준다. 오직 우리 스스로 이 길을 걸을 때만 이론에서 깨달음으로, 법에 대한 관념에서 지혜와 자비의 삶으로 나아갈 수 있음을……

승려의 삶

　여기 숲속에서는 사물의 성질을 관찰하는 법을 배울 수 있기에 승려는 행복하고 평화롭게 살 수 있다. 주변을 둘러보면 생명의 모든 모습이 쇠락해 가다가 마침내 죽는다는 것을 이해하게 된다. 존재하는 것은 아무것도 영원하지 않으며, 이 점을 이해할 때 그는 평온해지기 시작한다.

　승려들은 적은 것에 만족하도록 훈련받는다. 필요한 만큼 먹고, 필요할 때 자고, 가진 것에 만족하도록 수련한다. 이것이 불교 수행의 바탕이다. 승려들은 이기적인 목적을 위해서가 아니라 자기 자신을 알고 이해하기 위해, 그리하여 평화롭고 지혜롭게 사는 법을 남들에게 가르치기 위해 수행을 한다.

　명상은 세상과 더불어 평화롭게 지내기만 하는 것이 아니다. 오히려, 자신을 마주 대하는 것은 사나운 폭풍 속으로 걸어 들어가는 것과 같을 수 있다. 집중 수행을 하다 보면 처음에는 낙담하는 경우가 많고, 이럴 바에야 차라리 죽어 버리는 게 낫겠다는 마음이 들 때도 있다. 어떤 사람들은 승려의 생활이 게으르고 안락할 것이라고 생각한다. 그 사람들에게 이렇게 살아 보라고 해 보라. 그리고 얼마나 견딜 수 있는지 보라. 승려의 길은 힘들다. 승려는 가슴을 해방하여 자비심으로 모든 존재를 껴안기 위해 수행한다. 그는 모든 생명이 호흡처럼 일어났다가 사라지고 생겨났다가 없어짐을 보면서 아무것도 자신에게 속할 수 없음을 알게 되고, 그리하여 괴로움을 끝낸다.

우리가 성실하게 수행하기만 하면, 수행의 열매는 눈부시게 빛날 것이다. 눈이 있는 사람이면 누구나 볼 수 있을 테니, 굳이 알릴 필요도 없다.

자제

세속의 길은 외향적이며 자제를 모른다. 승려의 삶은 자제하고 제어한다. 본능적 욕구와 해묵은 습관에 끊임없이 맞서라. 적게 먹고, 적게 말하고, 적게 자라. 자신이 게으르다고 느껴지면, 기력을 끌어올려라. 참을 수 없다고 느껴지면, 인내심을 키워라. 몸을 좋아하고 몸에 집착하려고 하면, 몸을 부정(不淨)하게 보는 법을 배워라. 만일 욕망에 맞서지 않고서 원하는 대로 다 들어준다면, 이것은 하루에 갈 길을 한 달 걸려서 가듯이 조금 늦게 가는 정도의 문제가 아니다. 그대는 결코 도착하지 못할 것이다. 그러므로 욕망에 대해 수행하라.

계를 지키는 덕과 마음을 집중하는 명상은 수행을 돕는 방편들이다. 그것들은 마음을 잔잔하게 하고 절제하게 한다. 그러나 외적인 억제는 하나의 규범일 뿐이며, 내면이 차분해지도록 돕는 도구에 불과하다. 시선을 아래로 향하고 있어도, 마음은 시야에 들어오는 대상들로 인해 산란해질 수 있다.

그대는 이런 삶을 실천하기가 너무 힘들다고 느낄지 모른다. 하지만 사물들의 진실을 더 분명히 이해할수록 더욱 분발하게 될 것이다. 예를 들어, 그대가 집으로 가는 길에 큰 가시를 밟아서 발 속에 깊이 박혔다고 가정해 보자. 너무 아파서 도저히 걷지 못하겠다고 느낄 것이다. 그런데 사나운 호랑이가 나타났다. 그대는 호랑이에게 잡아먹힐 게 두려워, 발의 통증은 잊어버린 채 벌떡 일어나 쏜살같이 집으로 달려갈 것이다.

자신에게 끊임없이 물어보라. "나는 왜 계를 받았는가?" 이 물음을 경책으로 삼아라. 안락과 쾌락을 위해 계를 받은 것이 아니다. 이런 것들은 재가자의 삶에서 훨씬 쉽게 얻을 수 있다. 탁발하러 다닐 때도 때때로 물어보라. "나는 왜 지금 이 일을 하고 있는가?" 습관적으로 질문하라는 말이 아니다. 법을 들을 때 그대는 가르침을 듣는가, 아니면 그저 소리만을 듣는가? 귀로는 말들이 들어오겠지만, 마음속으로는 다른 생각을 하고 있을 것이다. "아침에 먹은 고구마는 정말 맛있었어." 늘 예리하게 알아차려라. 수도원에서 이런저런 행위를 할 때, 중요한 점은 의도가 무엇이냐다. 자신이 지금 무슨 일을 하고 있는지 알고, 그것에 관해 자신이 어떻게 느끼는지 알아야 한다. 청정이나 악업이라는 관념에 집착하는 마음, 그릇된 행위에 대한 지나친 두려움과 의심이라는 무거운 짐을 스스로 지고 있는 마음을 알아야 한다. 이것도 역시 집착이다. 이런 마음이 지나치면 개미를 죽일까 겁나서 청소하기가 두려워지고, 잔디에 해를 끼칠까 겁나서 걷는 게 두려워진다. 청정함에 관련된 의심들이 계속 새롭게 일어난다. 걱정을 좇아 늘 주의하려 노력해도 일시적인 안도만을 얻을 뿐이다. 의심을 끝내려면 의심의 과정을 이해해야 한다.

우리는 염송을 하면서 스스로 부처님의 종이라고 말한다. 종이 된다는 것은 자기를 주인에게 완전히 맡기고, 음식, 옷, 거처, 인도 등 자신에게 필요한 모든 것을 주인에게 의지한다는 뜻이다. 부처님께 물려받은 가사를 입는 우리는 신도들에게 받는 일용품이 우리의 훌륭함 때문이 아니라 부처님의 덕 때문에 온다는 것을 명심해야 한다.

이런 일용품에 대해서도 자제할 줄을 알아야 한다. 가사는 몸을 보호하기 위한 것이니 굳이 좋은 옷감으로 만들 필요가 없다. 탁발은 몸을 유지하려는 것이다. 팔정도는 번뇌와 습관적인 욕망에 늘 맞선다. 탁발하러 다니던 사리불 존자는 탐욕이 "많이 주십시오."라고 말하자 "조금만 주십시오."라고 말했다. 만일 번뇌가 "빨리 주십시오."라고 말하면, 우리의 팔정도는 "천천히 주십시오."라고 말한다. 만일 집착이 따뜻하고 부드러운 음식을 원하면, 우리의 팔정도는 차고 딱딱한 음식을 달라고 한다.

가사를 입건 탁발을 하건 우리의 모든 행위는 계율에 따라서, 알아차림으로써 이루어져야 한다. 부처님께서 우리에게 전해 주신 법과 계율은 잘 가꾸어진 과수원과 같다. 우리는 어떻게 나무를 심고 가꿀 것인지 걱정하지 않아도 된다. 우리는 열매가 해로운지 먹을 수 없는 것인지 염려할 필요가 없다. 그 모든 것은 우리에게 좋다.

내면이 평온해졌어도 수도원의 생활 방식은 버리지 마라. 뒤따르는 수행자들에게 귀감이 되어라. 옛날의 깨달은 스님들은 이렇게 했다.

계율은 방편이다

우리는 그릇된 행위를 두려워해야 한다. 때로는 잠을 이룰 수 없을 정도로……. 처음에는 계율에 집착하고 계율을 짐으로 삼아라. 나중에는 가벼워질 것이다. 고통을 뛰어넘으려면 먼저 고통을 겪어야 하듯이 우선 계율의 무거움을 체험해야 한다. 성실히 계율을 지키려는 사람은 처음에는 바닷물에 들어간 민물고기와 같아서 계율을 지키려 애쓰면 눈이 쓰라리고 따끔거리듯 괴로울 것이다. 반면, 계율을 하찮게 여기며 소홀히 하는 사람은 마음이 편하겠지만, 보는 법은 결코 배우지 못할 것이다.

227계를 지키는 일은 승려의 수행에 필수적이다. 우리는 계율을 잘 따라야 한다. 그러나 계율은 끝이 없다. 계율은 약속된 규범이며 방편임을 명심하라. 모든 경전을 다 공부하거나 모든 계율을 다 알 필요는 없다. 숲에 오솔길을 내기 위해 모든 나무를 다 벨 필요는 없는 것과 마찬가지다. 한 줄만 베면 숲을 가로질러 건너편으로 갈 수 있다.

모든 수행의 핵심은 그대를 자유로 인도하는 것이며, 언제나 빛을 아는 자가 되는 것이다. 덕 수행을 끝마치는 오직 한 길은 마음을 순수하게 정화하는 것이다.

왼쪽으로 가라, 오른쪽으로 가라

왓 바퐁에서 수행하던 서양인 승려가 수행의 어려움과 지나치게 세세하고 독단적으로 보이는 계율 때문에 낙담하게 되었다. 그는 다른 승려들이 미지근하게 수행한다고 비난하고, 아잔 차 스님의 가르침도 지혜로운 것 같지 않다며 의심하기 시작했다. 결국 그는 아잔 차 스님을 찾아가서, 스님조차도 일관성이 없어 보이고 깨닫지 못한 사람처럼 모순된 말을 할 때가 많다는 둥 불평을 늘어놓았다.

아잔 차 스님은 웃음을 터뜨리고는, 그가 다른 승려들을 판단하려고 애씀으로써 얼마나 많은 고통을 겪고 있는지 말해 주었다. 그리고 자신은 아주 단순하게 가르친다고 얘기했다. "이것은 마치 내가 잘 아는 길을 사람들이 가고 있고, 나는 그들을 지켜보고 있는 것과 같다네. 그들의 눈에는 길이 훤히 보이지 않을 수 있지. 나는 지켜보고 있다가, 어떤 사람이 오른쪽으로 치우쳐 도랑으로 막 빠지려 하면 그 사람에게 소리를 친다네. '왼쪽으로, 왼쪽으로 가시오!' 마찬가지로,

다른 사람이 왼쪽에 있는 도랑에 빠지려고 하면 역시 소리를 치지. '오른쪽으로, 오른쪽으로 가시오!' 내 가르침은 이 정도일세. 그대가 어떤 극단에 빠져 있건 무엇에 집착하고 있건, 나는 '그것도 놓으라.' 고 말하네. 왼쪽으로 가게, 오른쪽으로 가게. 가운데로 오게. 그러면 그대는 참 법에 도착할 걸세."

가만히 있지 못하는 마음을 다스리려면

마음이 가만히 있지 못하고 집중하기 힘들 때 도움이 되는 몇 가지 방법이 있다.

음식을 아주 적게 먹는다.

다른 사람과 얘기하지 않는다.

식사를 마치면 오두막으로 돌아가서, 문과 창문을 닫고 옷을 많이 껴입고 자리에 앉는다. 어떤 느낌이 들든 상관하지 않는다. 이렇게 하면 가만히 있지 못하는 마음을 직접 마주 볼 수 있다. 느낌들이 올라오면 그것들을 조사하여 그저 느낌일 뿐임을 깨닫는다.

수행이 깊어짐에 따라, 내면에서 팽팽히 긴장되었다가 풀어지며 결국 울음을 터뜨리는 때가 있을 것이다. 이런 체험을 적어도 대여섯 번 겪어 보지 못했다면 아직 제대로 수행했다고 볼 수 없다.

염송의 깊은 뜻

매일 아침, 승려들은 탁발을 마치고 돌아와 공양실로 들어간다. 두 줄로 길게 앉은 뒤 음식 배분이 다 끝나면, 합장을 하고서 부처님 당시부터 내려온 고대 팔리어 축원문을 염송한다. 음식을 바치러 왔다가 식사에 참여한 재가 신도들은 승려들이 염송을 하는 동안 조용히 앉아 있다. 그런 다음, 승려들은 말없이 알아차리는 가운데 식사를 시작한다.

수도원에 처음 와 본 까닭에 이런 전통에 낯설었던 어느 서양인 방문객은 염송이 끝날 무렵 아잔 차 스님에게 왜 식사 전에 염송을 하느냐고 물었다. "이 의식에는 어떤 깊은 뜻이 있나요?" 아잔 차 스님은 미소를 지으며 대답했다. "있지요. 허기진 승려들이 하루에 한 번뿐인 음식을 앞에 두고서 이렇게 염송하는 것은 깊은 뜻이 있습니다. 이 팔리어 염송은 '고맙습니다. 정말 고맙습니다.'라는 뜻이니까요."

190

허드렛일에도 법이 있다

사실, 이곳에서 수행하기는 그리 힘든 게 아니지만, 어떤 이들은 이마저도 좋아하지 않는다. 왓 바퐁 초기에는 전기도 없었고, 큰 법당이나 식당도 없었다. 이제는 우리에게 이런 것들이 생겼으니 잘 돌보아야 한다. 편리해지면 그만큼 번거로워지기 마련이다.

우리는 저마다 수도원에서 맡은 일이 있다. 오두막과 목욕실을 깨끗이 관리하는 일은 중요하다. 법당을 청소하고, 선배 승려들의 바리때를 씻어 주고, 오두막과 화장실을 청결하게 하는 것과 같은 단순한 일도 중요하다. 몸부터 시작하여 더러운 것을 있는 그대로 보아야 하지만, 그래도 깨끗이 관리해야 한다.

이런 일들은 하찮거나 대충대충 해도 되는 일이 아니다. 오히려 가장 정성 들여 해야 하는 일임을 알아야 한다. 어떤 일이든 정성을 다하고 알아차리며 그 자체를 위해 한다면, 그것은 수행의 표현이며 법의 표현이다.

남들과 조화롭게

도덕성 즉 덕을 수행하는 목적 가운데 하나는 도반들과 조화롭게 지내려는 것이다. 우리는 이기적인 욕심만 채우려고 하지 말고 남들과 조화를 이루도록 노력해야 한다. 자신의 위치를 알고 선배를 존경하는 것은 우리의 계율에서 중요한 부분이다.

사람들과 조화를 이루려면 자존심과 자만심을 버려야 하며, 덧없이 지나가는 쾌락에 집착하지 말아야 한다. 좋아함과 싫어함을 포기하지 않으면, 진정으로 노력하고 있는 게 아니다. 놓아 버리지 않으면서 수행을 하는 것은 평화가 없는 곳에서 평화를 찾는 것과 같다. 이 말이 진실인지 스스로 알아보라. 굳이 밖에 있는 스승에게 의지할 필요가 없다. 몸과 마음은 우리를 끊임없이 가르친다. 몸과 마음이 들려주는 설법에 귀를 기울이면 모든 의심이 사라진다.

사람들은 지도자나 스승이 되려고 하거나, 아니면 배우는 자나 제자라는 자리에 안주하려고 한다. 그러나 배우는 자가 아니라면 어찌

192

모든 것에서 배울 수 있겠는가? 스승이 아니라면 어찌 모든 것을 가르칠 수 있겠는가?

절하는 것을 주변의 온 세상을 사랑하는 방법으로 삼아라. 존중과 관심으로 절하라. 오두막으로 돌아가면 모든 것을 내려놓고 먼저 엎드려 절하라. 청소하러 나갈 때는 먼저 엎드려 절하라. 돌아오면 엎드려 절하라. 욕실에 갈 때는 먼저 엎드려 절하라. 돌아오면 다시 엎드려 절하면서 속으로 말하라. "몸과 말과 마음으로 저지른 잘못을 모두 용서하여 주소서." 늘 알아차려라.

우리 승려들은 정말 운이 좋은 사람들이다. 우리에게는 머물 곳이 있고, 좋은 도반들이 있고, 후원해 주는 신도들이 있으며, 가르침이 있다. 우리에게 남은 일은 수행밖에 없다.

승려는 쓸데없는 말을 하지 않는다

적게 말한다는 것은 필요한 만큼 말한다는 뜻이다. 만일 어떤 사람이 "어디 가십니까?" 하고 물으면, "잭푸르트 나무를 구하러 갑니다." 하고 간단히 대답한다. 만일 그가 다시 "그 나무로 뭘 하려고요?" 하고 물으면, "가사를 물들이려고 합니다."라고만 말해도 된다. "아, 방금 움푸르 무앙에서 오는 길인데 근처에 좋은 잭푸르트 나무들이 있다고 하더군요. 그래서 나무를 베어다가 가사를 물들이려고 합니다. 지난주에야 겨우 가사를 다 만들었는데, 어찌나 힘들던지요! 그런데 요새 어떻게 지내셨나요?" 하는 식으로 길게 말을 늘어놓을 필요는 없는 것이다.

계를 받은 사람은 잡담하거나 사람들과 어울리는 데 흥미를 갖지 말아야 한다. 아예 말을 하지 말라는 것이 아니라 쓸모 있고 필요한 말만 하라는 뜻이다. 아잔 문 스님의 수도원에서는 오후에 물 긷고 청소하고 목욕을 마친 뒤에는 걷기 명상을 하는 승려들의 신발 소리

말고는 아무런 소음도 들을 수 없었다. 승려들은 일주일에 한 번쯤 지도와 가르침을 받기 위해 모였는데, 그 시간이 끝나면 곧바로 돌아가서 수행했다. 그 시절에는 걷기 명상을 하는 길이 발자국들로 메워져 있었는데, 요새는 마을 개들의 발자국만 찍혀 있을 때가 많다.

갈수록 좋은 수도원을 찾기가 힘들어진다. 대다수 승려는 불교를 깊이 연구해야 할 학문쯤으로 여기며 진실하게 수행하지 않는다. 전국 어디에서나 마음을 닦기보다는 숲을 베어 내고 절을 새로 짓는 데에 더 열중한다. 예전에는 이렇지 않았다. 스승들은 자연과 더불어 살았고 뭔가를 지으려고 애쓰지 않았다. 이제는 절의 건물을 짓는 일이 재가 신도들의 관심을 가장 많이 끄는 종교 활동이 되어 버렸다. 그렇다면 좋다. 그러나 우리는 수도원을 세우는 목적을 알아야 한다. 승려는 80~90퍼센트 정도의 시간은 수행을 위해 써야 하며, 나머지 시간은 대중을 이롭게 하는 데 쓸 수 있다. 그럴 때도 대중을 가르치는 사람은 자신을 다스리고 남을 도울 수 있는 사람이어야 하며, 자기 짐도 감당하지 못하는 사람이어서는 안 될 것이다.

스승이 때때로 들려주는 법문을 자기의 마음 상태와 수행을 점검하는 기회로 삼아야 한다. 가르침의 요점들을 체화해야 한다. 그대는 그것들을 자기 안에서 볼 수 있는가? 그대는 올바르게 수행하고 있는가, 아니면 뭔가 실수를 하고 있는가? 그대의 관점은 올바른가? 아무도 이 일을 대신해 줄 수 없으며, 남의 말만 듣고서 의심을 끝낼 수도 없다. 의심이 잠시 줄어들 수는 있겠지만 다시 돌아올 것이며, 그러면 오히려 더 많은 의문이 생길 것이다. 의심을 끝내는 유일한 길은 스스로 의심을 영원히 잠재우는 것이다.

우리는 숲속에서 생활하는 시간을 알아차림을 계발하는 데 써야 하며, 세상에서 도피하거나 떨어져 있으려는 목적으로 쓰지 말아야 한다. 우리가 마음과 조건 지어진 현상의 세 가지 특성에서 어떻게 벗어날 수 있겠는가? 진실로 괴로움과 일시성, 무아는 어디에나 있다. 그것들은 똥 냄새와 같다. 똥 덩어리가 크건 작건 똥 냄새는 같다.

욕정에 맞서라

만일 재가자의 삶이 수행에 가장 적합하다면, 부처님께서는 우리에게 승려가 되라고 말씀하시지 않았을 것이다. 우리의 몸과 마음은 도둑과 살인자의 무리다. 그것들은 우리를 탐욕과 미움, 망상의 불길 속으로 끊임없이 끌어당긴다. 재가자의 삶은 감각의 접촉이 끊이지 않으므로 수행하기가 훨씬 더 어렵다. 그것은 마치 어떤 집에서 누가 반가운 목소리로 "이리 오세요, 어서 오세요." 하고 그대를 부르는 것과 같다. 그대가 가까이 다가가면, 그들은 문을 열고서 그대에게 총을 쏘아 버린다.

그대는 고행을 할 수도 있다. 낡고 볼품없는 물건을 쓰거나, 자신뿐 아니라 눈에 보이는 사람을 모두 시체나 해골로 보면서 시체 명상을 할 수도 있다. 그러나 이런 수행은 쉽지 않다. 젊고 예쁜 여자를 보는 순간, 시체로 보는 수행이 멈추어 버릴 것이다.

몸에 대한 명상은 맞서는 것의 한 가지 예다. 대개 우리는 몸을 좋고 아름다운 것으로 여긴다. 팔정도는 몸의 일시적이며 불쾌한 측면을 관찰하는 것이다. 젊고 건강하며 큰 병에 걸려 보지 않은 사람은 그릇되게 생각하고 미숙하게 행동하기 쉽다. 죽음은 멀리 있는 것처럼 보이며 아무도, 어떤 것도 겁나지 않는다. 수행하지 않는 사람은 병을 앓거나 늙어 감을 깨달은 뒤에야 관점을 바꾸는 경우가 많다. 왜 그때까지 기다리는가? 이미 죽은 사람처럼 존재하라. 그대의 욕망은 아직 죽지 않았다. 사실이다. 하지만 그것들이 죽어 버린 것처럼 행동하라.

때로는 사나운 맹수들 근처에 살아 보는 등 극단적인 생활을 할 필요도 있다. 호랑이나 야생 코끼리에게 죽임당할 수 있다는 두려움 때문에라도 이성에 관해 생각할 여유가 없을 것이다. 또는 정력을 줄이기 위해 식사량을 줄이거나 잠시 단식을 할 수도 있다.

어떤 승려들은 묘지 옆에 살면서 죽음과 부패를 대상으로 삼아 계속 명상하기도 한다. 젊은 승려이던 시절, 나는 노인들과 함께 생활하는 것을 좋아했다. 늙어 간다는 것이 어떠한지 묻기도 하고 그분들을 지켜보기도 하면서, 우리도 늙어 간다는 것을 깨달았다. 죽음과 부패를 항상 명심하고 있으면 감각의 세계에 대해 흥미가 식고 실망하게 되며, 마침내 법열과 선정에 이르게 된다. 모든 것을 있는 그대로 보며 그것들로부터 자유롭다. 명상이 굳건히 확립되면 아무것도 어려울 게 없다. 욕정에 사로잡히는 까닭은 명상이 아직 굳게 확립되지 않기 때문이다.

승려가 되어 숲에서 살기 시작하면 우리는 이제 번뇌들이 제멋대로 하도록 내버려 두지 않는다. 그러면 번뇌들은 우리에게 심하게 저항한다. 유일한 치료약은 참고 인내하는 것이다. 때로는 인내가 수행의 전부일 때도 있다. 그러나 인내는 모든 것을 바꿀 것이다.

바깥에 있는 사람들은 우리가 숲에서 이렇게 살며 불상처럼 앉아 있는 것을 보고 미쳤다고 할지도 모른다. 그러나 그들은 어떻게 살고 있는가? 그들은 탐욕과 미움에 사로잡혀 울다가 웃다가, 심지어 자신이나 다른 사람을 죽이기까지 한다. 누가 미친 사람들인가?

우리는 왜 계를 받았는지를 명심해야 한다. 수행하러 이곳까지 와서 깨달음을 맛보지 못한 사람은 시간을 허비한 것이다. 가족과 재산, 사회적 책임을 떠맡고 있는 재가자들도 깨달음을 얻었다. 더욱이 출가하여 계를 받은 사람이라면 반드시 그리해야 한다.

환경은 바뀌어도 마음은 그대로 있다

세속의 삶을 버리고 숲속의 승려가 되어 가사와 바리때를 받으면 소유물에 대한 관심이 끝나리라고 생각할 것이다. 승려가 되면 자가용이나 건축, 책, 옷가지를 갖지 않아도 되니 마음이 편하다. 그러나 집착하는 마음은 전동기 회전속도를 조절하는 무거운 바퀴처럼 아주 미미하게 느려졌을 뿐이다.

새로 들어온 서양인 승려 가운데 몇몇은 곧 가사와 바리때, 바랑에 집착하게 되었다. 그들은 마음에 드는 빛깔로 가사를 정성껏 물들였고, 스테인리스로 만들어진 가벼운 새 바리때를 얻는 방법까지 찾아냈다. 명상 말고는 할 일이 별로 없는 수도원에서는 가진 것이 두세 가지뿐이어도 여기에 관심을 기울이고 마음을 쓰기 시작하면 꽤 많은 시간을 허비할 수 있다.

출가하기 전, 세계를 여행하며 마음대로 옷을 입고 제멋대로 살았

200

던 몇몇 서양인 승려는 자기를 버리고 똑같이 생활해야 하는 수도원 생활이 너무 억압적이며 따르기 힘들다고 느꼈다. 머리도 똑같이 깎아야 하고, 가사도 똑같은 것을 입어야 하고, 심지어 서고 걷는 법까지 정해져 있다. 선배 승려에게는 이런 식으로 절해야 하고, 바리때는 또 저런 식으로 들어야 한다. 아무리 좋은 뜻으로 받아들이려 해도 서양인에게는 이러한 자기 포기가 힘들게 느껴진다.

한 서양인 승려는 이전에 늘 여기저기 떠돌아다니던 여행자였으며, 꽃무늬 자수 바탕에 방울이 주렁주렁 달린 망토를 걸치고 화려하게 장식한 모자를 쓰고 머리카락은 길게 땋아 늘이고 다니는 등 이른바 '옷차림 히피족'이었다. 이삼 주쯤 지나자 수도원의 규칙을 따르기가 너무 힘들어진 그는 한밤중에 생생한 꿈을 꾸다가 깨어났다. 꿈속에서 그는 자신의 황색 가사를 붉은색과 초록색으로 물들였고, 검은색 바리때에는 티베트 문양과 꽃을 그려 넣었다고 한다.

이튿날 아침, 아잔 차 스님은 이 이야기를 듣고서 웃음을 터뜨렸다. 그리고 미국에서의 자유에 관해 물었다. 그곳에서 말하는 자유는 머리 모양이나 옷에 관한 자유인가? 아마도 스님은 그 승려를 명상하도록 돌려보내면서 자유에는 그보다 더 깊은 뜻이 있음을 일깨워주었을 것이다. 그가 해야 할 일은 모든 상황과 시대 너머에 있는 자유를 찾는 것이었다.

출가하여 검소하게 생활하는 환경에서 이런 탐욕을 경험하는 사람들은 이전에는 알아차리지 못한 새로운 교훈을 배우게 된다. 소유욕과 욕망은 외부 환경과 별개인 까닭에 다루기가 어렵다. 그것은 가슴 속에 뿌리를 박고 있어서 외부 환경이 어떠하든, 가진 것이 많든 적든 상관없이 쉽게 재충전될 수 있다. 우리가 이 점을 완전히 이해하고 포기의 교훈을 충분히 배우지 못하면, 새로운 외부 환경은 탐욕의 습성들이 뛰노는 또 하나의 놀이터가 될 뿐이다.

아잔 차 스님은 마음속에 뿌리박힌 문제들을 드러내기도 하고 때로는 악화시키는 숲속 생활의 힘을 잘 알고 있다. 그는 금욕적인 훈련을 이용하여 승려들이 탐욕과 판단, 미움과 무지 같은 자신의 문제를 직면하고 해결하도록 노련하게 인도한다. 그리고 그의 가르침은 승려들을 모든 괴로움의 근원이자 뿌리인 자기 마음으로 늘 되돌려놓는다.

어디로 달아날 수 있겠는가?

사람들은 제 발로 찾아와서 승려의 계를 받지만, 여기에서 자신과 직면하다 보면 마음이 평화롭지 못하다. 그러면 가사를 벗고 다른 곳으로 달아날 생각을 한다. 그러나 달리 어디에서 평화를 찾을 수 있단 말인가?

여기저기 떠돌아다니건 한곳에 머무르건, 무엇이 좋고 무엇이 나쁜지를 알아야 한다. 평화는 산이나 동굴에서 찾을 수 있는 게 아니다. 설령 부처님이 깨달음을 얻은 장소를 찾아갈지라도 진리에는 한 발짝도 다가가지 못할 수 있다.

처음에는 자연스럽게 의심이 든다. 왜 염송을 해야 하는가? 왜 잠을 조금만 자야 하는가? 좌선할 때는 왜 눈을 감아야 하는가? 처음 수행을 시작할 때는 이런 의문들이 떠오른다. 우리는 괴로움을 일으키는 모든 원인을 알아야 한다. 이것이 바로 참된 법이며 사성제다.

이것은 어떤 특정한 명상 기법이 아니다. 우리는 지금 실제로 일어나고 있는 일을 관찰해야 한다. 계속 관찰하다 보면, 그것들이 일시적이며 비어 있음을 보게 되고 지혜가 조금 생긴다. 그러나 의심과 권태는 다시 돌아올 것이다. 아직은 실상을 제대로 알거나 분명히 보지 못하기 때문이다. 이것은 부정적인 신호가 아니다. 이 모든 것은 우리가 탐구해야 할 우리의 마음 상태, 우리의 가슴과 마음의 일부인 것이다.

부처를 찾아서

아잔 차 스님은 서양인 제자들이 들어오고 나가는 데에 유달리 너그러웠다. 전통에 따르면, 처음 출가한 승려는 첫 스승 밑에서 적어도 다섯 번의 우안거를 보내고 나서야 다른 곳으로 떠날 수 있다. 아잔 차 스님은 규율 준수를 수행의 주요한 부분으로 여기며, 제자들이 승려의 계율을 주의 깊게 잘 지키는지, 수도원의 방식과 공동체 생활에 잘 따르는지 살핀다. 하지만 서양인 승려가 다른 스승들을 만나보기 위해 다녀오겠다고 하면, 마치 총애하는 자녀를 대하듯이 전통에 구애받지 않고 잘 허용하는 편이었다. 이곳에서는 대개 누가 떠나더라도 법석을 떨거나 그 사람에 관한 얘기를 많이 하지 않는다. 법 안의 삶은 순간순간 그 자리에서 충만하고 완전하게 끝맺는다. 아잔 차 스님은 말한다. "오는 사람도 없고, 가는 사람도 없다."

왓 바퐁에서 일 년 반쯤 머물며 수행하던 미국인 승려가 태국과 미얀마의 다른 스승들을 만나서 배우고 싶다며 허락을 요청하자 받아들여졌다. 한두 해쯤 지난 뒤, 그는 재미있는 여행담, 몇 달간의 용맹 정진과 신비한 체험 등에 관한 이야깃거리를 한아름 안고서 돌아왔다. 그가 아잔 차 스님에게 절을 올리자, 스님은 마치 그가 이곳을 떠난 적이 없다는 듯 평소처럼 맞이했다. 아잔 차 스님은 승려와 방문객들에게 아침 법문을 들려주고 할 일을 다 마치고 나서야 그 승려를 바라보며 수도원 바깥에서 새롭고 더 나은 법을 찾았는지 물었다. 그는 아니라고 대답했다. 수행을 하면서 새로운 것을 많이 배웠지만, 사실 왓 바퐁에서도 찾을 수 있는 것들이었다며……. 법은 늘 이 자리에 있어서 누구나 볼 수 있고 수행할 수 있는 것이다. "그렇지." 아잔 차 스님은 웃으며 말했다. "자네가 여길 떠나기 전에 말해 줄 수도 있었겠지. 하지만 그때는 이해하지 못했을 걸세."

그리고 나서 그 승려는 아잔 차 스님의 서양인 상수 제자인 아잔 수메도의 오두막으로 찾아가서 그간 겪은 일들과 모험담, 새롭게 이해한 점들, 수행에 관한 통찰들을 자세히 얘기했다. 수메도 스님은 조용히 귀 기울여 들은 뒤, 숲속 식물의 뿌리로 만든 차를 내왔다. 그 승려가 긴 이야기를 다 마치자, 수메도 스님은 웃으며 말했다. "아, 참 대단하네요. 놓아야 할 것들이 또 생겼군요." 그뿐이었다.

그래도 서양인들은 계속 오고 가며 저마다 이 교훈을 배운다. 아잔 차 스님은 간혹 그들의 여행을 축복하기도 했다. 비록 놀릴 때가 많았지만…….

완벽한 삶과 완벽한 스승을 찾아다니던 어느 영국인 승려는 계를 받고 나서 옷을 벗고, 다시 계를 받고 옷을 벗기를 대여섯 번이나 반복하며 왔다 갔다 했다. 마침내 아잔 차 스님은 그를 꾸짖었다. "이 사람은 바랑에 개똥을 넣고 다니면서 어디를 가도 악취가 난다고 불평한다."

또 수도원에 들어왔다가 직장이나 약혼 문제로 유럽으로 돌아간 뒤, 다시 돌아와서 승려가 되기를 여러 차례나 반복한 다른 영국인 승려가 어느 날 아잔 차 스님의 오두막에 와서 앉아 있었다. 아잔 차 스님은 모인 사람들에게 말했다. "이 사람은 수염 달린 거북이를 찾고 있는 모양이다. 어디를 얼마나 더 다녀야 그 거북이를 찾을 수 있을꼬?"

수도원 생활에 낙담한 어느 서양인 승려는 떠나겠다고 말하기 위해 아잔 차 스님을 찾아갔다. 이 승려는 수도원의 생활 방식을 따르며 수행을 지속하기가 힘들었고, 그래서 주변의 모든 환경에서 흠집을 찾기 시작했다. "스님들이 말이 너무 많습니다. 대체 염송은 왜 해야 합니까? 저는 혼자서 명상만 하고 싶습니다. 선배 스님들은 갓 들어온 승려들을 잘 가르쳐 주지 않습니다." 그는 자포자기하는 심정으로 아잔 차 스님에게 솔직하게 털어놓았다. "사실, 스님조차도 깨달은 분 같지 않습니다. 스님은 늘 이랬다저랬다 합니다. 어느 때는 엄격하다가 어느 때는 무심합니다. 스님이 정말 깨달았는지 어떻게 알겠습니까?"

아잔 차 스님은 이 말을 듣고서 배꼽을 잡고 웃었는데, 이 모습을 본 젊은 승려는 재미있어하면서도 화가 났다. "자네 눈에 내가 깨달은 사람처럼 보이지 않아서 다행일세. 깨달은 사람은 어떠해야 하고 어떻게 행동해야 한다는 자네의 이상에 내가 들어맞으면, 자네는 계속 바깥에서 부처를 찾을 테니 말일세. 부처는 바깥에 있지 않다네. 자네의 가슴속에 있지."

그 승려는 절을 올린 뒤, 진정한 부처를 찾기 위해 오두막으로 돌아갔다.

자기 자신에 의지하라

　의자 없이 바닥에서 생활하는 문화에 익숙한 마을 사람들에게는 딱딱한 돌로 만들어진 법당 바닥에 가부좌를 틀고 앉아 있어도 그다지 힘들 게 없다. 하지만 이제 막 수도원에 온 서양인 행자들은 다리를 구부리고 앉기가 힘든 까닭에 매일 그런 자세로 명상과 염송을 하는 일이 대단한 고역이었다. 그래서 한 행자는 명상 시간에 일찍 나오면 법당 앞쪽 돌기둥 옆에 앉을 수 있음을 알게 되어 다소 안도하게 되었다. 모든 승려가 눈을 감고서 명상을 시작하면, 그는 기둥에 살짝 몸을 기대고서 서양식으로 편안하게 명상할 수 있었다.

　일주일이 지난 뒤, 아잔 차 스님은 종을 울려서 좌선을 끝내고 저녁 법문을 시작했다. 스님은 그 행자를 똑바로 바라보면서 말하기 시작했다. "오늘 밤에는 법을 수행한다는 것이 어찌하여 자기 힘으로 살아가며 자기에게 의지한다는 뜻인지, 또 자기 밖에 있는 것들에 기대지 않는다는 뜻인지에 관해 얘기해 봅시다." 법당에 있는 승려들이 킥킥 웃었다. 그 서양인은 당황해서 법문이 끝날 때까지 유난히 똑바로 앉았다. 그 지적을 받은 뒤로 그의 결의는 점차 확고해졌으며, 바닥이 어떻고 조건이 어떠하든 그 자리에 똑바로 앉는 법을 배웠다.

가르침을 단순하게

　　인근 마을 사람들이 수도원 건물을 짓도록 숲속의 넓은 땅을 아잔 차 스님에게 시주했다. 이 소식을 들은 부유한 재가 신도가 숲속의 동산 위에 아름다운 법당과 사원을 지어 바치겠다고 제안했다. 그러자 다른 재가 신도들도 힘을 모아 인근 대여섯 고을에서 가장 큰 법당을 짓기로 계획을 세웠다. 승려들이 머물 작은 오두막들이 산 주변에 흩어져 있는 동굴 속에 지어졌고, 숲을 뚫는 고된 작업 끝에 도로도 닦았다. 법당을 건축하는 공사가 시작되었다. 콘크리트 기초를 놓고, 높은 기둥들을 세우고, 거대한 청동 불상을 모실 좌대가 놓였다. 공사가 진행되면서 새로운 설계들이 추가되었다. 재가 신도들과 건축가들 사이에 복잡한 논의가 벌어졌다. 지붕은 어떻게 장식해야 하는가? 더 좋게 만들려면 설계를 이런 식으로 고쳐야 하는가, 저런 식으로 고쳐야 하는가? 속이 빈 기둥을 세우고 그 밑에는 거대한 빗물

저장소를 만드는 게 어떤가? 모두들 좋은 의견을 내놓았지만, 그렇게 하자니 비용이 많이 들었다.

이 모든 문제를 결론짓기 위해 아잔 차 스님이 참석한 가운데 긴 논의가 시작되었다. 건축 전문가들과 재가 후원자들은 저마다 다른 설계안과 예상 비용, 건축 기간을 제시했다. 마지막으로 부유한 재가 신도가 자신의 의견을 얘기한 뒤 스님에게 물었다. "스님, 이 설계안들 가운데 어느 것을 택해야 할지 말씀해 주시지요. 소박한 쪽으로 할까요, 아니면 비용이 많이 드는 쪽으로 할까요? 저희가 어찌하면 좋을까요?"

아잔 차 스님은 웃었다. "좋은 뜻으로 하면 좋은 결과가 있습니다." 스님이 하고자 했던 말은 그게 전부였다.

완성된 법당은 장엄했다.

가르치는 법을 배우기

마가 푸자는 중요한 불교 기념일로서 부처님 앞에 1,250명의 깨달은 제자들이 함께 모인 것을 기념하는 날이다. 부처님께서는 이 모임에서 제자들에게 모든 존재를 이롭게 하고 깨어나게 하기 위해 세상을 돌아다니며 법을 전파하라고 말씀하셨다.

이 축제일을 기념하여 아잔 차 스님과 수백 명의 승려는 마을의 재가 신도들과 함께 밤을 새우며 좌선을 한다. 이날 대법당은 천여 명의 마을 사람으로 가득 메워진다. 한 시간 동안 좌선을 한 뒤, 아잔 차 스님이나 다른 분원을 맡고 있는 상수 제자들 가운데 한 명이 감화력 있는 법문을 들려준다. 그리고 다시 한 시간 동안 좌선을 한다. 이런 식으로 좌선과 법문을 번갈아 가며 밤을 새운다.

아잔 차 스님의 초기 서양인 제자 한 명은 신참 승려들과 함께 앉아 있었는데, 깊은 감화를 받고 희열을 느끼면서도 밤새 계속되는 봉

축 수행이 힘들게 느껴졌다. 밤이 깊었을 때 또 한 번의 좌선을 마치자, 아잔 차 스님은 마을 사람들에게 이번에는 서양인 승려가 라오어(語)로 설법을 할 것이라고 말했다. 그 승려와 마을 사람들은 다들 깜짝 놀랐다. 하지만 미리 준비하거나 긴장할 틈도 없이 그는 대중 앞에 나가서 앉아야 했고, 자신이 출가하게 된 연유와 수행을 하면서 법에 관해 새롭게 깨달은 점들을 이야기했다. 그 뒤로는 대중 앞에서 대체로 편안히 설법할 수 있었다.

나중에 아잔 차 스님은 설명하기를, 설법은 사전 준비 없이 가슴에서, 내적 체험에서 저절로 흘러나와야 한다고 했다. "자리에 앉고, 눈을 감고, 자리를 내주어라. 법이 스스로 말하게 하라."

다른 때는 서양인 상수 제자인 아잔 수메도에게 설법을 하라고 시켰다. 수메도는 삼십 분 동안 설법을 했다. "삼십 분 더 얘기하게." 아잔 차 스님이 말했다. 삼십 분이 지나자 스님은 다시 더 얘기하라고 시켰다. 수메도는 계속했지만 점점 지루해지기 시작했다. 대중들 가운데 꾸벅꾸벅 조는 사람이 많아졌다. "설법에만 마음을 모으게." 아잔 차 스님이 격려했다. "그냥 계속하게." 이런 식으로 대여섯 시간 고생한 뒤, 수메도는 청중을 철저히 지겹게 만드는 법을 터득했고, 자신의 설법에 대한 청중의 평가를 두려워하지 않게 되었다.

아잔 차 스님은 작별 인사를 하러 온 어느 승려에게 서양으로 돌아가면 사람들에게 법을 가르칠 계획이 있는지 물었다. 그는 딱히 가르칠 계획은 없지만, 만일 누가 수행하는 법을 물으면 최선을 다해 설명하겠다고 대답했다.

"좋은 생각이네." 아잔 차 스님이 말했다. "법을 묻는 사람에게 법에 관해 알려 주는 것은 이로움을 주는 일이지. 자네가 법에 관해 설명할 때, 그것을 기독교라고 부른들 무슨 상관이 있겠나. 자네가 부처님에 관해 얘기하면 서양인들은 이해하지 못하겠지."

"나는 기독교인들에게 얘기할 때는 하느님에 관해 얘기한다네. 기독교 책을 읽어 본 적은 없지만 말일세. 하느님은 가슴속에 있지. 하느님이 아이들에게 줄 선물을 들고 일 년에 한 번씩 찾아오는 산타클로스라고 생각하나? 하느님은 법이며 진리일세. 이것을 아는 사람은 모든 것을 안다네. 그러나 하느님은 특별한 무엇이 아니라네. 오직 이것일 뿐."

"우리가 실제로 가르치는 것은 괴로움에서 해방되는 법이고, 사랑과 지혜와 자비로 충만해지는 법일세. 어디에서 어떤 언어로 말하든 이 가르침이 참된 법이네. 그러니 그것을 기독교라고 말해도 되는 것이지. 그러면 몇몇 사람은 훨씬 쉽게 이해할 수 있을 걸세."

아잔 차 스님은 법사가 되려는 사람에게 이렇게 조언했다.

"청중을 겁내지 마십시오. 확고하며 단도직입적이어야 합니다. 자기의 결점을 분명히 알고 자기의 한계를 인정하십시오. 사랑과 자비로 가르치고, 그대의 힘으로 도울 수 없는 경우에는 평정심을 닦으십시오. 가르치는 것은 때로 힘든 일입니다. 스승은 사람들의 좌절과 문제를 처리하는 쓰레기통이 됩니다. 더 많은 사람을 가르칠수록 더 많은 쓰레기를 처리해야 합니다. 그러나 걱정하지 마십시오. 가르치는 것은 법을 수행하기에 좋은 길입니다. 법은 자기의 삶에 진정으로 법을 적용하는 사람이면 누구나 도울 수 있습니다. 가르치다 보면 인내심과 이해가 자랄 것입니다."

아잔 차 스님은 배운 것을 다른 사람과 나누라고 제자들에게 권한다. "진리를 깨치면 남을 도울 수 있을 것이다. 때로는 말로 돕지만, 대개는 여러분의 존재 자체로 도울 수 있다. 나는 말로 법을 가르치는 일에는 그리 뛰어난 편이 아니다. 나를 알고 싶은 사람은 누구든지 나와 함께 살아 보아야 한다. 함께 오랫동안 살아 보면 알게 될 것이다. 나는 오랫동안 숲속 승려로 떠돌아다녔다. 나는 가르치지 않았다. 그저 스승들의 말에 귀를 기울였고 그대로 따랐을 뿐이다. 이 말을 명심하라. 남의 말을 들을 때는 진정으로 들어라. 그밖에는 달리할 말을 알지 못한다."

우리에게 두고두고 도움이 된 말이었다.

가르치면서 배운다

아잔 차 스님은 하루 종일 학생, 농부, 정치인, 장군, 순례자, 신도와 같은 방문객들에게 둘러싸여 있다. 그들은 스님에게 축복을 요청하고 조언을 구하고 질문하고 칭송하고 도전하고 비난하고, 또 수많은 문제를 가져와서 해결해 달라고 부탁한다. 스님은 끊임없이 찾아오는 사람들을 쉴 틈도 없이 가르친다. 언젠가 스님은 다른 어떤 수행 못지않게 이들을 응대하면서 법에 관해 많이 배웠다고 말한 적이 있다.

훌륭한 음식

몇몇 학생이 아잔 차 스님에게 물었다.

"스님은 왜 열반에 관해서는 거의 말씀을 안 하시고 일상생활의 지혜에 관해서만 주로 가르치십니까? 다른 분들은 열반의 성취와 그 특별한 행복, 수행에서 차지하는 열반의 중요성에 관해 주로 얘기합니다."

아잔 차 스님이 대답했다.

"어떤 사람들은 좋은 음식을 맛본 뒤, 만나는 사람마다 붙잡고서 그 음식이 맛있다고 얘기하지. 그러나 같은 음식을 먹고 맛보았어도 어떤 사람들은 이미 맛본 음식에 관해 남들에게 말하러 다닐 필요를 느끼지 못한다네."

아잔 차 스님의 오두막

아잔 차 스님은 이제 꿈을 꾸지 않는다고 말한다. 스님은 방 한 칸 짜리 작은 오두막의 위층에서 밤에 서너 시간쯤 잘 뿐이다. 태국식으로 나무 기둥 위에 지은 오두막의 아래층은 비어 있으며, 스님은 이곳에서 방문객을 맞는다.

방문객들은 대개 음식이나 승복을 선물로 가져오는데, 때로는 고대에 만들어진 정교한 불상이나 불교의 주제를 섬세하게 표현한 민속 공예품을 가져오기도 한다. 아시아 예술품을 전문적으로 수집하고 감정하는 일을 했던 서양인 승려는 아잔 차 스님의 오두막 청소하는 일을 맡게 되자 뛸 듯이 기뻐했다. 훌륭한 예술품들을 볼 수 있으리라는 기대 때문이었다. 하지만 이층으로 올라가서 문을 열었을 때 그가 본 것이라고는 빈 침대와 모기장뿐이었다. 그는 아잔 차 스님이 선물을 받자마자 다른 사람에게 주어 버린다는 것을 알게 되었다. 스님은 무엇에도 집착하지 않는다.

거룩한 의식과 무더운 날씨

승려들이 재가 신도의 초청으로 집을 방문하여 의식을 집전하거나 축복을 해 주고, 힘든 일을 겪고 있을 때 위로해 주는 일은 부처님 당시부터 내려온 일이다. 부처님도 전통을 받아들여 거룩한 물과 축복으로 제자들의 마음을 위로해 주었다고 전해진다.

대다수 태국 승려는 수행에 정진하는 대신 교리 연구와 의식에 치우친 생활을 하고 있었다. 아잔 차 스님은 팔정도를 걷다가 즐기는 오락거리라며 이런 의식을 익살스럽게 비꼬곤 했다. 그렇지만 도움이 된다고 판단될 때는 직접 의식을 치르기도 했다.

몹시 무덥던 어느 날 오후, 재가 신도들이 설법과 축복 의식을 베풀어 달라며 아잔 차 스님을 읍내로 초청했다. 예비 염송과 법문을 마친 뒤, 스님은 동행한 여덟 승려와 한 줄로 늘어서서 놋그릇에 담긴 물에서부터 명상하는 자세의 큰 불상까지 연결된 실을 함께 손에

쥐고 염송을 하기 시작했다. 촛불을 켜고 향을 피우는 것으로 물에 관한 염송 의식이 다 끝나자, 스님은 자리에서 일어나 야자수 잎에 물을 묻혀 집 안에 뿌린 뒤, 법문을 들으러 온 신도들에게도 뿌려 주며 축복해 주었다.

　그곳에 함께 갔던 젊은 서양인 승려는 찌는 듯한 더위에 점점 참을성을 잃어 갔고 의식이 길게 이어지자 더더욱 견딜 수 없었다. 그는 아잔 차 스님에게 조그맣게 속삭였다. "스님은 왜 수행과 상관없는 이런 쓸데없는 의식을 치르시나요?" 스님도 조그맣게 속삭였다. "오늘은 날씨가 더워서 모두들 시원한 샤워를 원하기 때문이라네."

무엇이 진정한 신통력인가?

왓 바퐁 주변의 마을 사람과 일부 제자들 사이에서는 아잔 차 스님의 신통력에 얽힌 일화들이 많이 회자된다. 아잔 차 스님이 동시에 여러 곳에서 나타날 수 있다고 말하는 사람도 있고, 엉뚱한 곳에서 스님을 보았다고 주장하는 사람도 있다. 또 병자를 치유하는 대단한 능력이 있으며, 다른 사람의 마음을 읽을 수 있고, 삼매에 잠기면 투시력과 예지력으로 모든 일을 훤히 꿰뚫어 볼 수 있다고도 말한다.

아잔 차 스님은 이런 이야기들을 들으면 웃고 만다. 그런 능력들에 관해 잘못 알고서 지나친 관심을 두거나 경외심을 느끼는 것이 어처구니없다고 보기 때문이다. 스님은 말한다. "진정한 신통력은 하나뿐이다. 마음을 해방하고 괴로움을 끝낼 수 있는 가르침, 곧 법의 신통력이다. 다른 신통들은 카드놀이의 속임수처럼 망상일 뿐이다. 그것들은 마음을 미혹하게 하여 진짜 게임을 보지 못하게 하며, 인간의

222

삶에 대한, 태어남과 죽음에 대한, 참된 자유에 대한 관심과 노력을 흐리게 한다. 왓 바퐁에서는 진정한 신통력만을 가르친다."

승려들에게 이렇게 말한 적도 있다. "물론 삼매에 이른 사람은 그 힘을 다른 목적으로 쓸 수도 있다. 초능력을 계발하거나 거룩한 물, 축복, 부적, 주문을 만드는 데 사용할 수 있는 것이다. 이런 경지에 이르면 그렇게 할 수 있다. 이런 식의 행위는 술을 마실 때처럼 도취하게 한다. 그러나 우리에게는 부처님께서 걸으신 팔정도가 있다. 여기에서는 삼매가 위빠싸나, 통찰 수행의 토대로 쓰이며 거창한 그 무엇일 필요가 없다. 그저 일어나는 일을 관찰하고 원인과 결과를 지켜보면서 계속 통찰해라. 이런 식으로 우리는 집중된 마음을 보이는 모습, 소리, 냄새, 맛, 몸의 촉감, 마음의 대상을 관찰하는 데 사용한다." 해탈에 이르게 하는 모든 법은 우리의 감각 기관들 안에서 발견될 수 있다.

재가자를 위한 수행법

여러분은 재가자의 길에 관해 자주 질문한다. 재가자의 삶은 힘들면서도 쉽다. 살기는 힘들지만 깨닫기는 쉽다. 여러분은 벌겋게 달구어진 숯덩이를 손에 들고 찾아와서 불평을 한다. 나는 그것을 그냥 놓아 버리라고 한다. 그러면 여러분은 말한다. "아니요, 놓지 않겠습니다. 그냥 이것이 식게 해 주십시오." 그것을 놓아 버리든지, 아니면 끝까지 참는 법을 배워야 한다.

여러분은 묻는다. "어떻게 하면 그것을 놓아 버릴 수 있습니까?" 어떻게 하면 가족을 놓아 버릴 수 있는가? 마음속에서 놓아야 한다. 내면의 집착을 놓아야 한다. 여러분은 알을 낳은 새와 같다. 알이 부화할 때까지 품고 앉을 책임이 있는 것이다. 그러지 않으면 알들은 썩어 버릴 것이다.

여러분은 가족이 자기를 인정해 주고 자기가 왜 그런 식으로 행동하는지 이해해 주기를 바라지만, 그들은 그렇게 하지 않을 수도 있다. 여러분을 감싸 주지 않고, 여러분에게 마음의 문을 닫을지도 모른다. 아버지의 도둑질을 용인하지 않는 아들을 나쁜 아들이라고 말할 수 있는가? 그저 최선을 다해 상황을 설명하고, 정직하게 노력하고, 그 뒤에는 놓아 버려야 한다. 몸이 아파서 의사에게 갔는데 의사도 병을 치료할 수 없다면, 그저 놓아 버리는 것 말고 무엇을 할 수 있겠는가?

여러분이 '나의' 가족, '나의' 수행이라는 관점으로 생각한다면, 이러한 자기중심적인 관점은 괴로움을 낳는 또 하나의 원인이 된다. 남들과 함께 살든 혼자서 살든, 행복을 찾으려고 하지 말고 오직 법과 함께 살아야 한다. 불교는 문제를 해결하도록 도와주지만, 우리는 먼저 수행을 해야 하고 지혜를 계발해야 한다. 솥에 물을 붓고 쌀을 넣는다고 해서 곧바로 밥이 되지는 않는다. 불을 피워야 하고, 물을 끓여야 하고, 밥이 잘 익을 때까지 충분히 뜸을 들여야 한다. 지혜가 자라나면, 여러분의 문제들은 각자의 업을 참고하되 결국은 해결될 수 있다. 가족과의 관계를 제대로 이해하면 원인과 결과, 업에 관해 진정으로 배울 수 있으며 자신의 행위에 더욱 주의하게 된다.

수도원이나 수련회에 가서 단체 수행을 하는 것은 별로 힘들지 않다. 무안해서라도 명상 시간에 빠지지 못할 것이다. 그러나 집으로 돌아가면 명상을 꾸준히 하기가 어렵다. 흔히 자신이 게을러서, 혹은 시간이 나지 않아서 그렇다고 말한다. 자기의 능력을 제대로 써 보지도 못하고 다른 사람이나 상황, 스승 등 바깥에 있는 것들 탓으로 돌린다. 꿈에서 깨어나라! 여러분은 자기만의 세계를 창조하고 있다. 여러분은 수행하기를 원하는가, 원하지 않는가?

우리 승려들이 참 자유를 위해 수련하며 온 힘을 다해 계율을 지키고 고되게 수행해야 하듯이, 재가자 여러분도 그렇게 해야 한다. 가정을 꾸리며 수행할 때도 기본 계율을 잘 지키도록 노력해야 한다. 몸과 말을 바르게 하라. 진실하게 노력하고, 끈기 있게 수행하라. 마음을 집중하기가 쉽지 않을 것이다. 그러나 한두 번 시도해 본 뒤 효과가 보이지 않는다는 이유로 포기하지는 마라. 마음이 빨리 집중되어야 한다는 법이라도 있는가? 여러분이 마음을 다스리려 하지 않고 제멋대로 돌아다니게 놓아둔 기간이 얼마인가? 마음이 여러분을 제 뜻대로 끌고 다니게 놓아둔 기간이 얼마인가? 마음을 고요하게 하려면 한두 달 정도로는 충분하지 않다는 게 놀라운 일인가?

물론 마음은 길들이기 어렵다. 말이 고집을 피우며 주인의 명령을 듣지 않으면 한동안 먹이를 주지 마라. 그러면 말이 스스로 다가올 것이다. 주인에게 복종하기 시작하면 먹이를 조금 주어라. 우리 삶의 방식이 훌륭한 것은 마음이 길들 수 있다는 점 때문이다. 올바르게 노력하면 지혜로워질 수 있다.

재가자로 살면서 법을 수행하려면, 세상 속에 있되 그 위에 머물러야 한다. 기본 오계로부터 시작하는 덕(德) 수행은 매우 중요하며, 거기에서 모든 선한 것이 나온다. 덕은 마음에서 그릇됨을 없애고 괴로움과 동요의 원인을 없애는 데 기초가 된다. 덕을 확고히 하라. 그 뒤 기회가 닿는 대로 정식 명상을 하라. 명상이 잘될 때도 있고, 잘되지 않을 때도 있을 것이다. 걱정하지 말고 계속 명상하라. 의심이 올라오면, 마음속에서 일어나는 것들이 다 그러하듯 그 역시 일시적임을 깨달아야 한다.

　명상을 계속하면 집중이 이루어질 것이다. 집중을 이용하여 지혜를 계발하라. 감각 기관이 대상과 접촉할 때 좋아함과 싫어함이 일어나는 것을 알아차리되, 그것들에 집착하지 마라. 수행의 결과를 조급히 얻으려 하거나 빨리 향상되기를 바라지 마라. 아기는 기어다니지만, 좀더 자라면 걷기를 배우고, 나중에는 뛰어다닌다. 덕 안에 굳게 자리 잡고 꾸준히 수행하라.

6부 | 스승과 나누는 대화

아잔 차 스님에게 지도를 받는 방법 가운데 가장 즐거운 것은 스님의 오두막 마루에 앉아서, 끊임없이 찾아오는 방문객이나 수도원 승려의 질문에 스님이 답하는 말을 듣는 것이다. 이 수행법의 보편성을 엿볼 수 있는 것은 여기에서다. 때로는 마을 농부들과 쌀농사에 관한 얘기만 하다가 마치는 날도 있지만, 대다수 질문 내용을 보면 아시아인이나 서양인이나 별 차이가 없기 때문이다. 그들은 의심과 두려움, 마음을 가라앉히는 법, 덕행과 명상을 실천하는 데 따르는 어려움과 이를 극복할 방법을 묻는다.

지난 몇 년간 수백 명의 유럽인과 미국인이 왓 바퐁과 분원에서 수행하기 위해 태국의 시골 숲속으로 찾아왔다. 구도자와 여행자도 있었고, 의사, 평화 봉사단원, 젊은이와 늙은이도 있었다. 어떤 사람들은 출가하여 평생 승려로 살기 위해 찾아왔다. 다른 사람들은 잠시 머물며 수련한 뒤, 서양으로 돌아가서 알아차림 수행법을 실천한다.

다음에 나오는 질문 가운데 일부는 1970년 우안거 동안 태국인과 서양인 승려들이 질문한 것으로서 《살아 있는 불교 스승들(Living Buddhist Masters)》*에 실린 '질문과 답변' 중에서 발췌했다. 나머지는

왓 바퐁에 찾아온 법사들과 서양인 재가자들이 질문한 것이다. 아잔
차 스님의 답변을 주의 깊게 들어 보면, 모두 한결같이 삶에 적용할
수 있는 수행법과 자유를 가리키고 있음을 알게 될 것이다. 그 하나
하나는 해탈에 이르는 법의 씨앗을 담고 있으며, 참된 통찰과 이해의
근원인 우리의 가슴과 마음으로 돌아가는 길을 가리키고 있다.

* 잭 콘필드 지음. 국내에서는 《붓다의 후예, 위빠싸나 선사들》(1. 2권)이라는 제목으로
출간됨. 김열권 옮김, 도서출판 한길.

처음 수행을 시작할 때는 어떻게 해야 합니까? 확고한 믿음으로 시작해야
합니까?

처음 수행을 시작할 때는 대개 믿음도 적고 법에 관해서도 잘 모릅
니다. 당연한 일입니다. 저마다 지금 있는 자리에서 시작해야 합니
다. 중요한 것은 수행자가 자기의 마음과 처한 상황을 잘 들여다보고
자기 자신에 관해 직접 알려고 해야 한다는 것입니다. 그러면 믿음과
이해가 가슴속에서 점차 무르익을 것입니다.

열심히 수행을 하는데도 늘 제자리인 것 같습니다.

수행을 하면서 어딘가에 도달하려고 애쓰지 마십시오. 자유로워지거나 깨닫고자 하는 욕망이 바로 그대를 자유롭지 못하게 가로막는 욕망입니다. 그대는 원하는 만큼 열심히 수행할 수 있습니다. 낮이고 밤이고 맹렬히 수행할 수 있습니다. 그러나 뭔가를 이루려는 욕망이 마음속에 남아 있다면 평화를 찾지 못할 것입니다. 이 욕망의 에너지가 의심과 불안을 일으킬 것입니다. 아무리 오래, 아무리 열심히 노력해도 욕망에서는 지혜가 나오지 않습니다. 그저 놓아 버리십시오. 마음과 몸을 늘 알아차리며 지켜보되 뭔가를 이루려고 하지는 마십시오. 그렇지 않으면 명상을 시작하여 마음이 가라앉을 때 곧 "아, 이제 첫 단계 가까이 왔나? 대체 얼마나 더 가야 하지?" 하고 생각할 것입니다. 그 순간, 그대는 모든 것을 잃을 것입니다. 가장 좋은 길은 수행이 자연스럽게 나아지는 과정을 가만히 지켜보는 것입니다.

수행의 단계에 대한 관념을 버리고, 지금 마음속에서 일어나는 일만을 똑바로 지켜보아야 합니다. 지켜보면 지켜볼수록 더 분명히 보게 될 것입니다. 완전히 주의를 기울일 수 있게 되면 자신이 어느 단계에 와 있는지 걱정할 필요가 없습니다. 그저 올바른 방향으로 계속 나아가십시오. 그러면 모든 것이 자연스럽게 펼쳐질 것입니다.

수행의 본질이 무엇인지 어찌 말로 설명할 수 있겠습니까? 앞으로 나아가는 것이라는 말도 맞지 않고, 되돌아가는 것이라는 말도 맞지 않으며, 가만히 서 있는 것이라는 말도 맞지 않습니다. 해탈은 잣대로 잴 수도 없고 분류할 수도 없습니다.

하지만 우리는 수행을 하면서 더 깊이 집중하려고 애쓰지 않습니까?

좌선을 통해 고요해지고 집중된 마음은 중요한 도구로 쓰일 수 있습니다. 그러나 그 평온함에 집착하지 않도록 조심해야 합니다. 만일 선정에 들어 행복하고 즐거운 기분을 느끼기 위해 좌선을 하는 것이라면 시간을 허비하고 있는 것입니다. 바른 수행이란 명상을 통해 마음을 고요히 집중한 뒤 그 집중을 이용하여 마음과 몸의 성질을 조사하는 것입니다. 그러지 않고 마음을 고요하게만 하면, 앉아 있는 동안에만 평안하고 번뇌가 없을 것입니다. 이것은 마치 쓰레기 구덩이를 돌로 덮어 놓은 것과 같습니다. 돌을 들어내고 보면 여전히 구더기가 들끓고 쓰레기로 가득 차 있을 것입니다. 얼마나 오래 앉아 있느냐는 중요한 문제가 아닙니다. 집중된 마음을 잠시 희열을 누리는 데 쓰지 말고 마음과 몸의 성질을 깊이 통찰하는 데 써야 합니다. 그래야 진정으로 자유로워질 수 있습니다.

마음과 몸을 직접 조사하는 데는 생각을 사용할 필요가 없습니다. 조사에는 두 가지 수준이 있습니다. 첫째는 생각과 논증을 이용하는 것인데, 이 경우에는 경험을 피상적으로 지각하는 수준에 머물 것입니다. 둘째는 고요하고 집중된 상태로 내면에 귀를 기울이는 것입니다. 마음이 집중되어 있고 고요할 때만 참된 지혜가 자연스럽게 올라올 수 있습니다. 처음에 지혜는 낮은 소리로 속삭이는 것 같고 땅 위로 막 움트는 연한 어린 싹과 같습니다. 이를 모르면 지혜를 거창한 것으로 여기고서 그 싹을 밟아 뭉갤 수도 있습니다. 그러나 그대가 고요한 가운데 지혜를 느낀다면, 그 공간에서, 몸과 마음의 진행 과정이 본래 어떤 성질을 갖고 있는지 알아차리기 시작할 것입니다. 바로 이 앎이 그대로 하여금 변화에 관해, 비어 있음에 관해, 몸과 마음의 자아 없음에 관해 깨닫도록 인도합니다.

우리가 아무것도 구하지 않는다면, 법은 무엇입니까?

그대가 어디를 보든 그곳에 법이 있습니다. 건물을 짓는 것, 길을 걷는 것, 화장실에서 볼일을 보는 것, 또는 여기 명상실에 앉아 있는 것, 이 모든 것이 법입니다. 바른 눈으로 보면 세상에 법 아닌 것은 아무것도 없습니다.

그러나 바르게 이해해야 합니다. 행복과 불행, 즐거움과 괴로움은 늘 우리와 함께 있습니다. 그대가 그 성질을 이해하면 부처와 법은 바로 그 자리에 있습니다. 분명히 볼 수 있으면 순간순간 경험하는 것이 모두 법입니다. 하지만 사람들은 흔히 맹목적으로 반응합니다. 기분 좋게 하는 것에 관해서는 "야, 정말 좋다. 이것을 더 원해."라고 하고, 기분 나쁘게 하는 것에 관해서는 "가 버려, 싫어, 이것을 더 원하지 않아."라고 합니다. 그러는 대신, 경험 하나하나의 성질에 대해 가장 단순하게 완전히 열리면, 그대는 부처와 하나가 될 것입니다.

바르게 이해하기만 하면, 모든 것은 아주 단순하고 명백합니다. 즐거운 일이 생겨도 그것이 비어 있음을 아십시오. 불쾌한 일이 생겨도 그것이 자기가 아니며 자기의 것이 아님을 아십시오. 그것들은 다 지나갑니다. 현상들을 자신으로 여기지 않고 자기의 것으로 보지 않으면, 마음이 균형 잡습니다. 이러한 균형이 바로 해탈로 인도하는 부처님의 바른 길이며 바른 가르침입니다. 종종 사람들은 "나도 이런 경지, 아니 저런 경지의 삼매에 이를 수 있을까?" 혹은 "나는 어떤 신통력을 계발할 수 있을까?"라며 들뜨는 경우가 많습니다. 그들은 부처님의 가르침을 완전히 건너뛴 채 아무 쓸모 없는 세계로 가 버립니다. 기꺼이 보려고만 하면, 그대 앞에 있는 가장 사소한 것에서도 부처를 볼 수 있습니다. 어느 것에도 집착하지 않아야 마음이 균형 잡힐 수 있습니다.

처음 수행을 시작할 때는 올바른 방향 감각을 갖는 것이 중요합니다. 어느 길로 가야 할지 상상만 하면서 제자리에서 맴도는 대신, 지도를 보거나 이전에 가 본 사람에게 물어보아서 길에 관한 감각을 익혀야 합니다. 부처님께서 처음 가르치신 해탈의 길은 욕망에 대한 탐닉이나 고행이라는 극단이 아니라, 그 사이에 있는 중도였습니다. 마음은 균형을 잃거나 이런 극단들로 빠지지 않으면서 모든 경험에 대해 열려야 합니다. 그러면 그대는 무슨 일이든 반응하거나 붙잡거나 밀어내지 않으면서 있는 그대로 볼 수 있을 것입니다.

이러한 균형을 이해하면 길은 분명해집니다. 바른 이해가 자라면 즐거운 일이 와도 그것들이 지속하지 않으며, 비어 있으며, 안심하게 해 주지 못한다는 것을 깨달을 것입니다. 기분 좋지 않은 일이 와도 아무런 문제를 일으키지 못할 것입니다. 왜냐하면 그대는 그 역시 지속하지 않으며 비어 있음을 볼 것이기 때문입니다. 팔정도를 따라 계속 가다 보면, 세상에 있는 그 무엇도 본질적인 가치가 없다는 것을 알게 될 것입니다. 아무것도 붙잡을 게 없습니다. 모두가 썩어 가는 바나나 껍질이나 코코넛 껍데기와 같습니다. 쓸모도 없고 흥미롭지도 않습니다. 세상에 있는 것들이 바나나 껍질처럼 쓸모없음을 알게 되면, 그대는 어떠한 방해나 상처도 받지 않으면서 세상을 자유롭게 걸을 수 있습니다. 그대를 자유로 인도하는 길은 이 길입니다.

스님께서는 제자들에게 장기간 묵언을 하면서 용맹 정진하기를 권하십니까?

대부분 개인이 결정할 문제입니다. 북적대는 시장에 있든 외딴곳에서 혼자 있든 어떤 상황에서도 수행하는 법을 배워야 합니다. 다만, 처음 시작할 때는 조용한 곳이 좋을 것입니다. 우리가 숲에서 생활하는 이유 가운데 하나가 그것입니다. 처음에는 천천히 움직이면서 알아차리는 훈련을 시작합니다. 어느 정도 계속하면 어떤 상황에서도 알아차리는 법을 배울 수 있습니다.

어떤 이는 6개월이나 1년쯤 묵언하며 용맹정진하고 싶다고 말합니다. 여기에는 정해진 규칙이 있을 수 없습니다. 각자 결심할 문제입니다. 이는 마을 사람들이 사용하는 소달구지와 같습니다. 수레를 써서 다른 마을로 짐을 나를 때는 먼저 수레와 바퀴와 소의 힘이 각각 어느 정도인지 파악해야 합니다. 이 정도 짐을 싣고 그곳까지 갈 수 있을까, 없을까? 마찬가지로 스승과 제자는 가능성과 한계를 세심하게 알아차려야 합니다. 제자가 이러한 수행을 할 만큼 준비가 되었는가? 지금이 알맞은 때인가? 세밀하게 잘 분별해야 합니다. 자기 자신의 한계를 알고 존중하십시오. 그것도 지혜입니다.

부처님께서는 두 가지 수행 방식이 있다고 말씀하셨습니다. 지혜를 통한 해탈과 집중을 통한 해탈이 그것입니다. 지혜로 해탈에 이르는 사람은 법을 듣자마자 깨닫기 시작합니다. 그들은 모든 가르침의 핵심이 다 놓으라는 것, 있는 그대로 놓아두라는 것임을 알기에 많은 노력이나 집중 수행 없이도 자연스럽게 놓아 버리기 시작합니다. 이러한 단순한 수행을 통해서 마침내 놓아 버림도 없고 붙들 사람도 없는, 자아 너머의 그곳으로 갈 수 있습니다.

반면, 다른 사람들은 각자의 배경에 따라 정도의 차이가 있지만 훨씬 더 많은 집중 수행을 해야 합니다. 오랜 기간에 걸쳐 엄격한 방식으로 수행해야 합니다. 그 뒤 집중된 마음을 알맞게 이용하면 깊이 통찰할 수 있게 됩니다. 마음을 잘 집중하는 사람은 고등학교를 마친 셈입니다. 이제는 대학에 들어가서 많은 것을 배울 수 있습니다. 일단 삼매가 강해지면 다른 단계의 선정에 들 수 있으며, 어떻게 이용하느냐에 따라 다르지만 모든 수준의 통찰을 경험할 수 있습니다.

지혜를 통한 해탈이든 집중을 통한 해탈이든 결국은 같은 자유에 이르게 됩니다. 수행의 방편이 무엇이든 집착 없이 잘 쓰기만 하면 해탈에 이를 수 있습니다. 계율도 마찬가지입니다. 재가자를 위한 다섯 가지 계율이든, 사미승을 위한 열 가지 계율이든, 비구를 위한 227가지 계율이든 같은 방식으로 쓸 수 있습니다. 알아차림과 내맡김을 훈련하는 것이기에 그 쓰임새는 무한합니다. 예컨대 '정직하라'는 계율 하나만을 갈고닦으면서 외부 행위와 내면을 통찰하다 보면, 그 쓰임새에 한계가 없다는 것을 알게 될 것입니다. 이것으로도 자유로워질 수 있으며, 다른 방편들도 마찬가지입니다.

별도로 자비 명상을 하는 것도 도움이 될는지요?

자비경을 반복하여 염송하는 것은 도움이 되지만 기초적인 수행입니다. 마음을 잘 들여다보며 불교 수행의 핵심을 실천해 가면 참사랑이 드러납니다. 자신과 남을 다 놓아 버릴 때 깊고 자연스럽게 발전하며, 그러면 "모든 존재가 행복하기를, 모든 존재가 고통받지 않기를."이라는 문구를 반복하여 염송하는 것이 어린아이의 놀이로 보일 것입니다.

법을 공부하려면 어디로 가야 합니까?

만일 그대가 진정으로 법을 찾고자 한다면, 법은 숲이나 산, 동굴에 있지 않음을 알게 될 것입니다. 법은 마음속에 있습니다. 법의 언어는 영어나 태국어, 산스크리트 어가 아닙니다. 법의 언어는 따로 있습니다. 그것은 체험이라는 언어로서 모든 사람에게 똑같습니다. 관념과 체험은 크게 다릅니다. 뜨거운 물에 손가락을 집어넣으면 누구나 똑같은 체험을 하지만, 말로 표현하면 언어에 따라 다 다릅니다. 마찬가지로, 마음을 깊이 들여다보는 사람들은 국적이나 문화나 언어가 달라도 같은 체험을 할 것입니다. 마음속에서 법을 맛본 사람은 다른 사람과 하나가 될 것입니다. 대가족의 일원이 되듯이.

불교는 다른 종교들과 많이 다른가요?

모든 것을 있는 그대로 분명하고 정직하게 볼 때 진정 행복할 수 있습니다. 참된 종교가 할 일은 사람들을 이 행복으로 인도하는 것이며, 불교도 마찬가지입니다. 어떤 종교, 어떤 방법, 어떤 수행이든 이렇게만 한다면, 그것을 불교라고 불러도 좋습니다.

크리스마스는 기독교의 중요한 명절입니다. 작년에 몇몇 서양인 승려들이 크리스마스를 기념하여 서로 축하하고 선물을 나누기로 했습니다. 그러자 여러 제자는 "불자로 계를 받은 사람이 어떻게 크리스마스를 축하할 수 있습니까? 이날은 기독교의 명절이 아닙니까?"라며 내게 이의를 제기했습니다.

나는 그날 법문을 하면서 세상 사람들이 어찌하여 근본적으로 다 같은지를 얘기했습니다. 유럽인이니 미국인이니 태국인이니 하는 말은 그 사람이 어디에서 태어났고 머리 색깔이 어떻다는 것을 가리킬 뿐입니다. 그러나 사람들의 몸과 마음은 기본적으로 같습니다. 모두가 사람이라는 종족에 속해 있으며 똑같이 태어나고 늙고 죽습니다. 이 점을 이해하면 겉모양의 차이는 사소해집니다. 마찬가지로, 사람들이 크리스마스를 맞이하여 남에게 선하고 친절하고 도움이 되는 행위를 한다면, 뭐라고 이름 붙이든 그날은 소중하고 아름다운 날입니다.

그래서 나는 마을 사람들에게 말했습니다. "오늘을 크리스붓다마스라고 부릅시다. 누구든지 바르게 실천하는 사람은 기독불교를 실천하고 있는 셈이며, 다 좋은 일이니까요." 이런 식으로 가르치는 까닭은 잡다한 관념에 집착하지 않으면서 지금 일어나는 일을 똑바로, 자연스럽게 보도록 하기 위함입니다. 진실을 보도록, 선을 행하도록 감화시킨다면 다 바른 수행입니다. 그것을 뭐라고 부르든 상관없습니다.

동양인과 서양인의 마음이 다르다고 생각하십니까?

기본적으로는 차이가 없습니다. 겉보기에 관습이나 언어가 달라 보이지만, 모든 사람은 같은 성질의 마음을 갖고 있습니다. 동양인의

242

마음이든 서양인의 마음이든 똑같이 탐욕과 미움이 있습니다. 괴로움과 괴로움의 소멸도 모든 사람에게 똑같이 해당합니다.

경전을 많이 읽거나 공부하는 것은 수행의 한 부분으로 추천할 만한가요?

부처님의 법은 책 속에 있지 않습니다. 부처님의 말씀을 진정 스스로 알고 싶다면 책을 붙잡고 애쓸 필요가 없습니다. 자신의 마음을 지켜보십시오. 느낌과 생각들이 어떻게 오고 가는지 관찰하여 아십시오. 어느 것에도 집착하지 말고, 보이는 것이 무엇이든 알아차리십시오. 이것이 부처님의 진리로 가는 길입니다.

자연스러우십시오. 세상에 살면서 하는 일이 다 수행의 기회입니다. 모두가 법입니다. 허드렛일을 할 때도 알아차리십시오. 타구를 비우거나 변기를 청소할 때도 남을 위해 일한다고 여기지 마십시오. 타구를 비우는 행위 속에 법이 있습니다. 수행은 가부좌를 틀고 조용히 앉아 있는 것만이 아닙니다. 여러분 가운데 명상할 시간이 부족하다고 불평하는 사람들이 있습니다. 숨 쉴 시간은 충분합니까? 여러분이 할 명상은 이것입니다. 알아차림, 자연스러움, 무슨 일을 하고 있든지.

여기에서는 왜 지도 스님과 매일 면담을 하지 않습니까?

질문할 것이 있으면 언제든지 와서 물어보십시오. 하지만 여기에서는 매일 면담을 정해 놓고 하지는 않습니다. 내가 사소한 질문까지 일일이 답해 주면, 여러분은 마음속에서 일어나는 의심의 진행 과정을 알아차리지 못할 것입니다. 자신을 조사하고 자신과 면담하는 법을 배우는 것이 중요합니다. 며칠마다 있는 법문을 잘 듣고서 이 가르침을 자신의 수행과 비교해 보십시오. 같은가, 다른가? 의심이 일어나는가? 의심하는 자는 누구인가? 스스로 조사해 보아야 이해할 수 있습니다.

의심이 일어나면 어떻게 해야 합니까? 수행법이나 스승에게 문제가 있는 것 같고 별로 나아지지 않는 것 같다는 의심이 일어날 때가 많아 괴롭습니다.

의심하는 것은 당연합니다. 처음에는 다들 의심을 품은 채 시작합니다. 의심을 관찰하면 많은 것을 배울 수 있습니다. 중요한 것은 의심을 자신의 것으로 여기지 않는 것입니다. 의심들에 사로잡히지 말라는 뜻입니다. 그렇지 않으면 마음은 제자리에서 끝없이 맴돌 것입니다. 의심이 진행되는 과정을 처음부터 끝까지 지켜보십시오. 의심하는 자가 누구인지 보십시오. 의심들이 어떻게 오고 가는지 보십시오. 그러면 의심들에 더는 속지 않을 것입니다. 그대는 의심에서 빠져나올 것이며, 마음은 고요해질 것입니다. 그대는 모든 것이 어떻게 오고 가는지 볼 수 있습니다. 집착하는 대상을 놓아 버리십시오.

의심을 놓아 버리고 그저 지켜보십시오. 이렇게 하면 의심을 끝낼 수 있습니다.

다른 수행법들을 어떻게 보시는지요? 요즘에는 명상을 가르치는 선생이나 명상법이 너무 많고 서로 달라서 혼란스럽습니다.

이것은 읍내로 들어가는 것과 같습니다. 남쪽에서 갈 수도 있고, 북쪽에서 갈 수도 있고, 다른 여러 길로도 갈 수 있습니다. 수행법은 많지만 따지고 보면 겉보기에만 다른 경우가 많습니다. 이 길로 가든 저 길로 가든, 빨리 걷든 천천히 걷든 알아차리기만 하면 다 같습니다. 좋은 수행이라면 반드시 도달하는 핵심적인 지점이 있습니다. 붙잡지 않는 것입니다. 결국은 모든 수행법까지도 다 놓아야 합니다. 스승에게도 집착할 수 없습니다. 놓아 버림, 붙잡지 않음으로 인도하는 수행은 올바른 수행입니다.

여기저기 돌아다니며 다른 스승을 만나 보고 다른 수행법을 시도해 보고 싶을 수 있습니다. 여러분 가운데 몇몇 분은 이미 그렇게 해 보았습니다. 이것은 자연스러운 바람입니다. 그러나 수없이 많은 질문을 하고 수많은 수행법에 관해 훤히 알아도 진리를 깨달을 수는 없음을 알게 될 것입니다. 언젠가는 싫증이 날 것입니다. 부처님께서 가리키신 것을 알려면 오직 멈추고 자기의 마음을 조사해야 합니다. 밖에서 찾을 필요가 없습니다. 결국은 자기의 본성을 마주 보기 위해 다시 돌아와야 합니다. 여러분이 지금 있는 이 자리가 바로 법을 깨달을 수 있는 자리입니다.

제대로 수행하지 않는 승려가 많은 것 같습니다. 성실하지도 않고 알아차리려는 모습도 보이지 않아 기분이 언짢습니다.

그대는 다른 승려들의 그릇된 모습을 보면서 "저 스님은 왜 나처럼 열심히 수행하지 않는 거지? 절에 들어왔으면 우리처럼 진지하게 수행해야지. 형편없는 스님이군."이라고 생각하며 쓸데없이 화를 내고 고통을 받습니다.

모든 사람이 그대의 바람대로 행동하기를 바라면 그대만 고통을 받습니다. 아무도 그대를 대신하여 수행해 줄 수 없고, 그대 또한 남을 대신하여 수행해 줄 수 없습니다. 남을 바라보고 평가하는 것은 그대의 수행에 도움이 되지 않습니다. 남을 바라보고 평가하는 것은 지혜의 계발에 도움이 되지 않습니다. 이것은 그대의 큰 번뇌입니다.

비교하지 마십시오. 분별하지 마십시오. 분별심은 급하게 휘어진 도로처럼 위험합니다. 남을 보면서 자기보다 못하다거나 낫다거나 같다는 식으로 판단하는 사람은 도로 밖으로 튕겨 나갈 것입니다. 분별하면 스스로 괴로움을 겪을 뿐입니다. 남의 수련 태도가 좋은지 안 좋은지, 그들이 훌륭한 승려인지 아닌지는 그대가 판단할 문제가 아닙니다. 승려의 계율은 자기의 수행을 위한 도구이지, 흠집을 찾거나 비난하는 데 쓰는 무기가 아닙니다.

견해들을 놓아 버리고 자기를 지켜보십시오. 이것이 우리의 법입니다. 화가 나면 마음속의 화를 지켜보십시오. 오로지 자기의 행위만을 알아차리십시오. 자기 자신과 자기의 느낌을 조사하십시오. 그러면 이해할 것입니다. 이것이 수행하는 방법입니다.

저는 감각을 절제하는 데 극도로 주의를 기울였습니다. 눈길은 늘 아래에 두고서 저의 작은 움직임들까지 알아차리려고 노력합니다. 예를 들어, 밥을 먹을 때는 씹는 것, 맛보는 것, 삼키는 것 등 단계마다 충분한 시간을 두고 관찰하려고 노력하며, 각각의 단계를 신중하고 주의 깊게 거칩니다. 제가 제대로 수행하고 있습니까?

감각을 절제하는 것은 올바른 수행입니다. 우리는 하루 종일 감각을 알아차려야 합니다. 하지만 지나치게 하지는 마십시오. 자연스럽게 걷고 먹고 행동하십시오. 그 뒤 내면에서 일어나는 일에 대한 자동적인 알아차림을 계발하십시오. 억지로 명상을 하거나 거북한 틀속에 자신을 끼워 맞추려 하는 것도 일종의 욕망입니다. 인내하면서 끈기 있게 해 나가야 합니다. 자연스럽게 행동하며 늘 알아차리면 자연히 지혜가 생길 것입니다.

처음 수행을 시작하는 사람에게는 어떤 조언을 해 주시겠습니까?

오래 수행한 사람들에게 하는 말과 같습니다. 포기하지 말고 꾸준히 하십시오.

저는 화를 지켜보고 탐욕을 다스릴 수 있습니다만, 망상은 어떻게 관찰해야 하는지요?

그대는 말을 타고 있으면서 "말이 어디에 있습니까?"라고 묻습니다. 알아차리십시오.

잠은 어느 정도 자는 것이 좋습니까?

내가 대답할 문제가 아닙니다. 스스로 자신을 지켜보고 아는 것이 중요합니다. 너무 적게 자면서 수행하려고 하면, 몸이 편안하지 않고 알아차림을 유지하기가 어려울 것입니다. 반대로, 너무 많이 자면 마음이 둔해지거나 불안정해지기 쉽습니다. 자신에게 자연스러운 균형점을 찾으십시오. 마음과 몸을 주의 깊게 지켜보면서 가장 알맞은 수면량을 찾을 때까지, 필요한 수면량이 어느 정도인지 계속 확인해 보십시오. 잠에서 깼다가 다시 졸며 뒤척이는 것도 일종의 번뇌입니다. 눈을 뜨자마자 알아차림을 시작하십시오.

졸음을 극복하는 방법은 많습니다. 어두운 곳에 앉아 있다면 밝은 곳으로 옮기십시오. 눈을 뜨십시오. 자리에서 일어나 세수를 하거나

248

뺨을 찰싹 때리거나 목욕을 해 보십시오. 졸리면 자세를 바꾸어 보십시오. 많이 걸어 보십시오. 뒤로 걸어 보십시오. 뭔가에 부딪힐까 봐 걱정되어 졸지 못할 것입니다. 그래도 소용이 없으면, 가만히 서서 마음을 가다듬고 밝은 대낮이라고 상상해 보십시오. 아니면 높은 절벽이나 깊은 샘의 가장자리에 앉아 보십시오. 감히 잠들지 못할 것입니다. 어떤 방법을 써도 안 되면 그냥 주무십시오. 주의를 모으고 자리에 누운 뒤, 잠드는 순간까지 알아차리려고 노력하십시오. 잠에서 깨어나면 곧바로 일어나십시오.

먹는 것은 어떤가요? 얼마큼 먹는 게 적당할까요?

먹는 것도 잠자는 것과 같습니다. 스스로 알아야 합니다. 음식은 몸에 필요한 만큼 섭취해야 합니다. 음식을 약으로 보십시오. 식사한 뒤에 졸리거나 계속 살이 찔 만큼 많이 먹고 있습니까? 식사량을 줄여 보십시오. 몸과 마음을 관찰하다가, 다섯 숟가락쯤 더 먹으면 배부르겠다 싶을 때 식사를 멈추고서 적당히 배부를 때까지 물을 마십시오. 그리고 가서 앉으십시오. 졸림과 배고픔을 지켜보십시오. 알맞게 먹는 법을 배워야 합니다. 수행이 깊어질수록 자연히 기운이 넘치고 더 적게 먹을 것입니다.

오랫동안 앉아서 명상할 필요가 있습니까?

아닙니다. 몇 시간씩 계속해서 앉아 있을 필요는 없습니다. 어떤 사람들은 오래 앉아 있을수록 더 지혜로워질 거라고 생각합니다. 암탉들도 둥지에서 알을 품고 있을 때는 며칠 동안 그대로 앉아 있을 수 있습니다. 지혜는 어떤 자세에서든 늘 알아차릴 때 생깁니다. 수행은 아침에 깨어나는 순간부터 시작하여 잠들 때까지 계속해야 합니다. 얼마나 오래 앉아 있을 수 있는지는 중요한 문제가 아닙니다. 중요한 것은 걷고 있든, 앉아 있든, 화장실로 가고 있든, 계속 알아차림을 유지하는 것입니다.

사람들은 저마다 타고난 자기의 속도가 있습니다. 어떤 사람은 50세에 죽고, 어떤 사람은 65세에, 어떤 사람은 90세에 죽습니다. 수행의 속도도 저마다 다를 것입니다. 이 문제에 관해 생각하거나 걱정하지 마십시오. 늘 알아차리려 하십시오. 일들이 자연스럽게 흘러가도록 놓아두십시오. 그러면 그대의 마음은 어떤 환경에서도 고요해질 것입니다. 숲속의 맑은 연못처럼……. 온갖 놀랍고 희귀한 동물들이 물을 마시러 그 연못으로 올 것이며, 그대는 모든 것의 본성을 또렷이 볼 것입니다. 기이하고 경이로운 것들이 수없이 오고 가는 것을 볼 것입니다. 하지만 그대는 고요할 것입니다. 이것이 부처의 행복입니다.

제겐 아직도 생각이 많습니다. 알아차리려고 노력하는데도 마음은 수없이 방황합니다.

걱정하지 마십시오. 오로지 마음을 현재에 두려고 노력하십시오. 마음속에서 무엇이 올라오든 그저 지켜보고 놓아 버리십시오. 생각이 없어지기를 바라지 마십시오. 그러면 마음은 자연스러운 상태로 돌아갈 것입니다.

좋음과 나쁨, 뜨거움과 차가움, 빠름과 느림을 분별하지 마십시오. 나도 없고, 너도 없고, 자아라는 것도 없으며, 오직 지금 있는 것뿐입니다. 걸으면서 다른 무엇을 할 필요가 없습니다. 그저 걸으면 됩니다. 앞에 있는 것을 바라보십시오. 홀로 떨어져 있어야 한다는 생각에 집착할 필요가 없습니다. 어디에 있든지 있는 그대로 지켜봄으로써 자신을 아십시오. 의심이 올라오면, 의심이 오고 가는 것을 지켜보십시오. 단순합니다. 아무것도 붙들지 마십시오.

수행은 길을 걷는 것과 같습니다. 이따금 장애물을 만날 것입니다. 번뇌를 만나면 그저 알아차리고 놓아 보냄으로써 이겨 내십시오. 이미 지나친 장애물은 생각하지 말고, 아직 보지 않은 장애물은 걱정하지 마십시오. 현재에 머무르십시오. 얼마나 더 가야 목적지에 이를 수 있을까, 하고 궁금해하지 마십시오. 모든 것은 늘 변합니다. 무엇을 만나든지 붙잡지 마십시오. 결국 마음은 자연스러운 균형점에 이르게 되고, 수행은 자동으로 이루어질 것입니다. 모든 것은 저절로 오고 갈 것입니다.

극복하기 힘든 장애물은 어떻게 해야 할까요? 예를 들어, 성욕을 극복하려

면 어떻게 수행해야 하나요? 때로는 저 자신이 성욕의 노예인 것처럼 느껴집니다.

역겨운 면을 관찰하면 성욕이 균형 잡힐 수 있습니다. 몸의 겉모양에 집착하는 것은 하나의 극단이므로 마음속에 정반대의 극단을 간직해야 합니다. 몸을 시체로 여기면서 썩어 가는 과정을 지켜보거나 허파, 비장, 지방, 똥 등 몸의 각 부분을 생각해 보십시오. 이것들을 기억하고 몸의 역겨운 면을 마음속에 그려 보면 성욕에서 자유로워질 것입니다.

화가 올라올 때는 어떻게 해야 합니까?

붙잡지 말고 그냥 놓아 버리거나, 아니면 자비심을 사용하십시오. 화가 강하게 일어날 때는 자비심을 계발함으로써 균형 잡히게 하십시오. 남들이 나쁜 짓을 하거나 화를 내더라도 그대는 화를 내지 마십시오. 화를 내면 그 사람보다 더 어리석은 사람이 됩니다. 지혜로우십시오. 마음속에 연민을 간직하십시오. 그 사람은 괴로움을 겪고 있기 때문입니다. 그 사람을 사랑하는 형제로 여기며 마음을 자비심으로 가득 채우십시오. 자비심을 명상의 주제로 삼고 여기에 집중하십시오. 세상의 모든 존재에게 자비심을 펼치십시오. 자비심만이 미움을 이길 수 있습니다.

왜 절을 많이 하라고 말씀하십니까?

절은 수행의 중요한 외형이며 예법에 맞게 바르게 해야 합니다. 이마가 바닥에 닿게 하십시오. 두 팔꿈치는 무릎에서 3인치쯤 떨어진 곳에 두십시오. 몸을 알아차리면서 천천히 절하십시오. 절은 자만심을 치유하는 좋은 치료제입니다. 자주 절하십시오. 세 번 절하면서 부처, 법, 승가의 성품 곧 순수함, 밝게 빛남, 평화를 마음에 새기는 것도 좋습니다. 우리가 외적인 형식을 이용하는 것은 우리 자신을 훈련하고 몸과 마음을 조화롭게 하기 위함입니다. 남들이 절하는 모습을 지켜보며 판단하는 것은 그릇된 태도입니다. 젊은 사미승들이 대충대충 하거나 나이 든 승려들이 부주의하게 하는 것처럼 보여도, 이것은 그대가 판단할 일이 아닙니다. 사람을 길들이기는 어려운 일입니다. 어떤 사람은 빨리 배우지만, 다른 사람은 더디게 배웁니다. 남을 판단하면 자만심만 커질 뿐입니다. 남을 보지 말고 자기를 지켜보십시오. 자주 절하여 자만심을 없애십시오.

법과 진정으로 조화를 이룬 사람은 외적인 형식을 초월해 있습니다. 그들은 이기심을 넘어선 까닭에 어떤 행위를 하든지 그것이 곧 절입니다. 걷는 것도 절이요, 먹는 것도 절이요, 배변하는 것도 절입니다.

새로 제자가 된 사람들에게 가장 큰 문제는 무엇입니까?

견해입니다. 모든 것에 대한, 자기 자신에 대한, 수행에 대한, 부처님의 가르침에 대한 의견과 관념들입니다. 여기에 오는 사람들은 대부분 사회에서 높은 계층에 있는 사람들입니다. 부유한 사업가, 대학졸업자, 교사, 공무원 같은 사람들이 많습니다. 그들의 마음은 이런저런 것들에 대한 견해로 가득 차 있고, 너무 영리해서 다른 사람의말을 주의 깊게 듣지 않습니다. 지나치게 영리한 사람들은 얼마 있지못하고 떠납니다. 그들은 아무것도 배우지 못합니다. 영리함을 버려야 합니다. 더럽고 썩은 물로 채워진 컵은 쓸모가 없습니다. 상한 물을 비운 다음에야 그 컵을 쓸 수 있습니다. 마음속에서 견해들을 비워 내야 합니다. 그러면 볼 것입니다. 우리의 수행은 영리함과 어리석음의 너머에 있습니다. 만일 "나는 영리하다, 나는 부자다, 나는 중요한 사람이다, 나는 불교에 관해 다 알고 있다."라고 생각한다면, 그사람은 아나타(anatta) 즉 무아(無我)라는 진실을 덮고 있습니다. 그 사람에게는 모든 것이 자기, 나, 내 것으로 보일 것입니다. 그러나 불교는 자기를 놓아 버리는 것입니다. 공(空), 비어 있음, 열반입니다. 자신이 남보다 더 낫다고 생각하는 사람은 고통을 겪을 뿐입니다.

화나 탐욕 같은 번뇌는 망상인가요, 아니면 실재하는 것인가요?

둘 다입니다. 우리가 색욕이나 탐욕, 화, 망상이라고 말하는 번뇌들은 겉으로 보이는 이름과 모양일 뿐입니다. 바리때를 크다, 작다,

멋지다고 말하는 것과 같습니다. 큰 바리때를 원하는 사람은 이 바리때를 보고 작다고 합니다. 우리는 갈망으로 인해 그런 관념들을 만들어 냅니다. 진실은 있는 그대로 있지만, 갈망이 차별을 일으킵니다. 이런 식으로 바라보십시오. 그대는 남자입니까? 그렇다고요? 겉모습은 그렇습니다. 하지만 그대라고 하는 존재는 실상 원소들의 결합이거나 변화하는 집합체의 모임일 뿐입니다. 자유로운 마음은 차별하지 않습니다. 크고 작음도 없고, 너와 나도 없고, 아무것도 없습니다. 우리는 이것을 아나타 즉 무아라고 부르지만, 사실 궁극에는 아(我)도 없고 무아(無我)도 없습니다.

업에 관해 좀더 자세히 설명해 주시겠습니까?

업(業)은 행위입니다. 업은 집착입니다. 우리가 집착할 때는 몸, 말, 마음이 모두 업을 짓습니다. 미래에 자신을 고통스럽게 할 습관을 만듭니다. 이것은 집착의 열매이며, 과거에 일으킨 번뇌의 열매입니다.

우리가 어렸을 때 부모님이 우리에게 화를 내고 훈계한 것은 우리를 돕기 위해서였습니다. 부모님과 선생님이 꾸짖을 때는 화가 나지만, 나중에는 왜 그랬는지 알 수 있습니다. 업도 마찬가지입니다. 그대가 승려가 되기 전에 도둑이었다고 가정해 봅시다. 남의 물건을 훔쳤고, 부모님과 다른 사람들을 불행하게 했습니다. 이제는 승려가 되었지만, 예전에 그런 일로 사람들을 불행하게 만든 기억이 떠오르면 아직도 기분이 안 좋고 괴로울 것입니다. 반대로, 과거에 친절한 행위를 베풀었고 지금 그 기억이 떠오르면 기분이 좋아질 것입니다. 이 행복한 마음 상태는 과거에 지은 업의 결과입니다.

잊지 말아야 할 것은, 몸뿐 아니라 말과 마음으로 하는 행위도 미래의 결과를 만드는 조건이 된다는 것입니다. 모든 것은 원인이 조건이 되어 일어납니다. 장기적이든 순간적이든……. 그렇다고 해서 굳이 과거, 현재, 미래에 관해 생각할 필요는 없습니다. 오직 지금 이 순간 몸과 마음을 지켜보십시오. 자기의 마음을 지켜보면 자기의 업을 스스로 짐작할 수 있습니다. 수행을 하면 뚜렷이 보일 것입니다. 오래 수행을 하면 잘 알게 될 것입니다.

하지만 명심해야 할 점은, 다른 사람은 그 사람의 업에 맡기라는 것입니다. 남에게 집착하거나 마음 쓰지 마십시오. 내가 독약을 삼키면 나는 고통을 겪을 것입니다. 그러나 그대가 독약을 나누어 먹을 필요는 없습니다. 스승이 그대에게 주는 좋은 음식을 드십시오. 그러면 그대의 마음은 스승의 마음처럼 평화로워질 것입니다.

승려가 되고 나서 오히려 어려움과 고통이 더 커진 것 같습니다.

여러분 가운데 일부는 출가하기 전에 물질적으로 편안하고 외적으로 자유롭게 살았다고 들었습니다. 그때와 비교하면 지금 여러분은 힘들게 생활하고 있습니다. 여기에서는 내가 여러분을 몇 시간씩 앉아서 기다리게 하기도 하고, 음식과 기후도 여러분이 살던 곳과 많이 다릅니다. 하지만 누구든지 뭔가를 배우려면 이런 어려움을 어느 정도 참아 내야 합니다. 이것은 고통의 끝으로 인도하는 고통입니다.

모든 제자는 내게 자녀와 같습니다. 나는 그들을 사랑하며 그들이 잘되기를 바랍니다. 혹시 내가 여러분을 괴롭히는 것처럼 보일지 모르나, 그것은 여러분이 잘되게 하기 위해서입니다. 화가 나거나 자신이 불쌍해 보일 때야말로 마음을 이해할 좋은 기회입니다. 부처님께서는 번뇌가 스승이라고 말씀하셨습니다. 학력이 낮고 속세의 지식이 적은 사람은 쉽게 수행할 수 있습니다. 그런데 서양에서 온 여러분은 대개 배운 것도 많고 아는 것도 많습니다. 이것은 마치 아주 넓은 저택에 사는 것과 같습니다. 청소할 게 아주 많지만, 청소를 끝내고 나면 쓸 수 있는 공간이 매우 넓을 것입니다. 그동안은 인내해야 합니다. 인내와 끈기는 우리의 수행에 필수적입니다.

내가 젊은 승려였을 때는 여러분처럼 힘들게 생활하지 않았습니다. 우리말을 쓰고 우리 음식을 먹었기 때문입니다. 그런데도 며칠씩 절망감에 빠진 적이 있습니다. 승복을 벗어 버리고 싶을 때도 있었고, 심지어 죽어 버리고 싶은 적도 있었습니다. 이런 고통은 그릇된 관점 때문에 일어납니다. 진실을 알면 관점과 견해에서 해방됩니다. 모든 것이 평화로워집니다.

꾸준히 명상을 하면서 마음이 아주 평화로워졌습니다. 이제부터는 어떻게 해야 할까요?

좋은 일입니다. 마음을 모으고 평화롭게 한 뒤, 이 집중을 이용하여 몸과 마음을 조사하십시오. 마음이 평화롭지 않을 때도 역시 지켜보아야 합니다. 그러면 참 평화를 알게 될 것입니다. 왜냐고요? 일시성을 볼 것이기 때문입니다. 평화조차도 일시적인 것으로 보아야 합니다. 평화로운 마음 상태에 집착하게 되면 그 상태가 떠나갈 때 고통을 겪을 것입니다. 다 놓으십시오. 평화마저도.

지나치게 열심인 제자를 염려한다고 말씀하셨지요?

예, 그렇습니다. 지나치게 진지할까 봐 염려됩니다. 지혜가 뒷받침되지 않은 채로 너무 열심히 노력하면 불필요한 고통을 겪게 됩니다. 여러분 중에도 반드시 깨닫겠다고 결심하는 사람들이 있습니다. 그래서 이를 악물고 죽도록 애를 씁니다. 쉬지도 않습니다. 이것은 지나친 열심입니다. 사람은 모두 똑같다는 것을 알아야 합니다. 그런 사람은 존재들의 성질을 모릅니다. 모양을 가진 모든 것, 마음과 몸은 일시적입니다. 그저 지켜보되 붙들지는 마십시오.

저는 오랫동안 명상을 해 왔습니다. 제 마음은 어떤 상황에서나 거의 늘 열

려 있고 평화롭습니다. 이제는 다시 돌아가 수준 높은 삼매와 몰입을 닦고 싶습니다.

그런 수행은 유익한 마음 수련입니다. 지혜로운 사람이라면 삼매 상태에 매달리지 않을 것입니다. 마찬가지로, 긴 시간 좌선하고자 하는 바람은 수련에 좋지만 사실 수행은 자세와 상관이 없습니다. 마음을 직접 바라보는 것이 곧 지혜입니다. 마음을 조사하고 이해하게 되면 지혜가 생겨서 삼매나 책의 한계를 알게 됩니다. 수행을 통해 무집착을 이해하게 되면, 식사 후에 달콤한 후식을 즐기듯 책으로 돌아갈 수 있으며, 이런 지식은 다른 사람을 가르치는 데 도움이 될 것입니다. 또는 어떤 것에도 집착하지 않는 지혜로써 몰입 삼매를 수련할 수도 있습니다.

사람들에게 법을 전할 때 어떻게 하는 것이 좋은지 좀더 자세히 말씀해 주시기 바랍니다.

부처님의 가르침을 전하는 데 가장 기본이 되는 것은 남에게 친절하고 유익하게 행하는 것입니다. 선을 행하고, 남을 돕고, 자비심과 덕으로 행하면 좋은 결과가 따르게 되며, 자신과 다른 사람의 마음이 평온하고 행복해집니다.

다른 사람을 가르치는 일은 온 마음을 다하여 받아들여야 하는 훌

룡하고 중요한 책무입니다. 이 일을 제대로 하려면, 다른 사람을 가르치는 동안 자기 자신도 함께 가르쳐야 합니다. 자기는 자기대로 계속 수행하면서 순수해지도록 주의를 기울여야 합니다. 사람들에게 올바른 것을 얘기해 주는 것만으로는 충분하지 않습니다. 남에게 가르치는 바를 자기의 마음속에서도 실천해야 하고, 자신과 남들에게 늘 정직해야 합니다. 순수한 것과 순수하지 않은 것을 인정하십시오. 부처님 가르침의 핵심은 모든 것을 있는 그대로 완전하고 분명하게 보는 법을 배우라는 것입니다. 진실을 있는 그대로 알면 자유로워집니다.

지금까지 말씀하신 내용 가운데 중요한 요점들을 정리해 주시겠습니까?

자기를 탐구해야 합니다. 자기가 누구인지 아십시오. 지켜봄으로써 자기의 몸과 마음을 아십시오. 앉아 있을 때, 잠잘 때, 먹을 때 자기의 한계를 아십시오. 지혜를 쓰십시오. 수행은 뭔가를 이루려는 것이 아닙니다. 지금 여기에 있는 것을 알아차리십시오. 우리의 명상은 마음을 직접 바라보는 것이 전부입니다. 그러면 괴로움, 괴로움의 원인, 괴로움의 끝이 보일 것입니다. 하지만 많이 참고 인내해야 합니다. 점차 배우게 될 것입니다. 부처님께서는 제자들에게 적어도 5년은 스승 곁에 머물러 있으라고 가르치셨습니다.

너무 엄격하게 수행하지는 마십시오. 겉모양에 사로잡히지 마십시오. 편안히 지켜보십시오. 승려의 계율과 수도원의 규칙은 매우 중요합니다. 우리의 환경을 단순하고 조화롭게 하기 때문입니다. 그것을 잘 이용하십시오. 그러나 계율의 핵심은 의도를 지켜보고 마음을 조사하는 것임을 잊지 마십시오. 지혜가 있어야 합니다.

남들을 지켜보며 판단하는 것은 좋지 않은 태도입니다. 차별하지 마십시오. 숲속의 작은 나무를 보고 다른 나무처럼 크거나 곧지 않다며 화를 내겠습니까? 다른 사람을 판단하지 마십시오. 서로 다릅니다. 남을 바꾸려는 마음은 쓸데없는 짐입니다. 그런 짐을 질 필요가 없습니다.

보시와 헌신의 가치를 알아야 합니다. 인내하십시오. 덕을 행하십시오. 단순하고 자연스럽게 사십시오. 마음을 지켜보십시오. 이처럼 수행하면 이기심이 없어지고 평화로워질 것입니다.

7부 | 깨달음

고대 불경에 묘사된 깨달음과 법열이 오늘날에도 존재하는 것을 보면 경이롭게 느껴진다. 우리는 그것을 아잔 차 스님에게서 본다. 스님은 깨달음이 시간 밖에 있음을 강조하며, 그 살아 있는 본보기로서 우리에게 얘기한다. 또 우리에게 바른 수행과 참된 이해로써 가슴속에 있는 자유를 깨닫도록 촉구한다.

깨달음은 진실로 가능하다. 오랜 세월에 걸쳐 그러했듯이 오늘날에도 통찰과 알아차림 수행을 통해 깨달음을 얻는 사람들이 있으며, 이 가운데는 아잔 차 스님뿐 아니라 그의 제자들, 그리고 다른 스승들에게 배운 제자들이 있다. 깨달음은 지금 여기에서 발견될 수 있다. 그 본질은 우리 자신의 몸과 마음의 바깥에 있지 않다. 아잔 차 스님은 단도직입적으로 말한다. 모두 내려놓아라, 모든 집착과 판단을 놓아버려라, 다른 무엇이 되려고 하지 마라. 그러면 그 고요함 속에서 자라나는 환상 전체를 꿰뚫어 볼 수 있다. 그 어떤 것도 우리의 것이 아니다. 내면이 고요하고 깨어 있으면 자연히 이 깨달음에 이를 것이다. 영원한 자아는 없다. 우리 안에는 아무도 없다. 아무것도 없다.

오직 감각의 놀이뿐.

이 깨달음은 자유와 활력과 기쁨을 준다. 무겁게 느껴지던 삶의 짐이 개아라는 느낌과 더불어 사라져 버린다. 이 장은 그 뒤에 남는 것을 반영한다. 맑고 열린 가슴, 지혜롭고 자유로운 정신.

아잔 차 스님이 말하듯이, 왜 한번 시도해 보지 않는가?

무아無我

죽음을 이해하지 못하면 삶을 이해하기가 무척 어려울 것이다. 몸이 정말로 우리의 것이라면 우리의 명령에 복종해야 한다. 그런데 우리가 몸한테 "늙지 마."라거나 "아프지 마."라고 말하면 몸이 우리에게 복종하던가? 아니다. 무시한다. 우리는 이 집을 빌려 쓰고 있을 뿐 소유자가 아니다. 이 집이 우리 것이라고 생각하면 집을 떠나야 할 때 고통을 겪을 것이다. 하지만 실상 영원한 자아라는 것은 없으며, 우리가 붙들 수 있을 만큼 단단하거나 변하지 않는 것은 아무것도 없다.

부처님께서는 궁극의 진실과 관습적인 진실을 구분하셨다. 개별적 자아라는 개념은 하나의 관념, 관습일 뿐이다. 미국인, 태국인, 스승, 제자라고 하는 것도 다 관념이며 관습이다. 궁극에는 아무도 존재하지 않으며 오직 흙, 물, 불, 공기라는 요소들이 잠시 모여 있는 것뿐이다. 우리는 몸을 보고서 사람 혹은 나 자신이라고 부르지만, 궁극에는 자아가 없으며 오직 아나타 즉 무아(無我)만 있을 뿐이다. 무아를 이해하려면 명상을 해야 한다. 머리로만 이해하려고 하면 머리가 터져 버릴 것이다. 가슴으로 무아를 이해하게 되면 삶의 짐이 가벼워질 것이다. 가정생활, 일 등 모든 것이 훨씬 더 쉬워질 것이다. 자아 너머를 보는 사람은 행복에 집착하지 않는다. 행복에 집착하지 않으면 참된 행복이 시작된다.

짧고 분명하게

　인근 마을에 살고 있는 신심 깊은 노보살 한 분이 왓 바퐁에 참배하러 왔다. 아잔 차 스님을 찾아온 노보살은 증손주들을 돌봐 주기위해 얼른 돌아가야 한다고 말했다. 또 나이가 많고 귀가 어두워 잘알아듣지 못하니, 짧고 쉬운 법문을 해 달라고 부탁했다.

　스님은 큰 소리로 말했다. "자, 들어 보세요. 여기에는 아무도 없어요. 이것뿐이에요. 주인이 없어요. 늙거나 젊다고, 좋거나 나쁘다고, 허약하거나 건강하다고 할 누가 없어요. 이것뿐이에요. 그게 다입니다. 자연의 요소들이 스스로 놀고 있을 뿐 모두 비어 있어요. 태어난사람도 없고, 죽을 사람도 없어요. 죽음을 얘기하는 사람은 철없는어린애의 말로 얘기하는 거예요. 가슴의 말, 법의 말에는 그런 것이없어요."

　"우리가 짐을 지고 있으면 짐이 무겁지요. 짐을 질 사람이 없으면 세상에는 아무런 문제가 없어요. 좋은 것이든, 나쁜 것이든, 어떤 것이든 아무것도 구하지 마세요. 아무것도 되지 마세요. 오직 이것뿐, 다른 게 없어요."

지하수

법은 누구의 것도 아니다. 법은 주인이 없다. 법은 세상이 나타날 때 세상 안에서 일어나지만, 그럼에도 진실로서 홀로 서 있다. 법은 늘 지금 여기에 있으며, 움직이지 않으며, 한계가 없으며, 법을 구하는 사람들을 위해 있다. 법은 지하수와 같다. 샘을 파는 사람은 누구나 지하수를 발견한다. 그러나 샘을 파든 안 파든, 물은 늘 여기에 있으며 모든 존재의 아래에서 흐르고 있다.

우리는 법을 찾으면서 너무 먼 곳에서 찾거나 지나치거나 본질을 간과한다. 법은 멀리 떨어져 있지 않으며, 망원경을 들여다보면서 긴 항해를 해야 얻을 수 있는 것이 아니다. 법은 바로 여기에, 가장 가까이에 있으며 우리의 참된 본질이고 참된 자기며 무아다. 이 본질을 알면 아무 문제가 없고 아무 괴로움도 없다. 좋음, 나쁨, 즐거움, 괴로움, 밝음, 어두움, 나, 남이 모두 실체 없는 현상이다. 이 본질을 알면 '나'라는 낡은 관념에 대해 죽고 진정 자유로워진다.

우리의 수행은 얻으려는 것이 아니라 버리려는 것이다. 하지만 몸과 마음을 포기하기 전에 그것들의 참된 성질을 알아야 한다. 그러면 자연히 집착이 떨어져 나간다.

그 무엇도 내가 아니며, 나의 것이 아니다. 모든 것은 무상하다. 열반을 나의 것이라고 말할 수 없는 까닭은 무엇인가? 열반에 이른 사람에게는 나 혹은 나의 것이라는 생각이 없기 때문이다. 그런 생각이 있으면 열반에 이를 수 없다. 그들은 꿀의 단맛을 알지만, "내가 꿀의 달콤함을 맛보고 있다."고 생각하지 않는다.

법의 길은 앞으로 계속 걸어가는 것이다. 하지만 참된 법은 앞으로 감도 없고, 뒤로 돌아감도 없으며, 가만히 서 있음도 없다.

부처의 기쁨

모든 것이 일시적이며 불만족스럽고 자아가 없다면, 존재의 목적은 무엇이란 말인가? 어떤 사람이 흘러가는 강물을 바라보고 있다고 하자. 강물은 본래 성질에 따라 끊임없이 변하며 흐르고 있다. 그런데 강물이 그러지 않기를 바란다면, 그는 커다란 고통을 겪을 것이다. 반면, 자신이 좋아하든 싫어하든 강물의 성질은 끊임없이 바뀌는 것임을 이해하는 사람은 고통을 겪지 않는다. 존재가 이런 흐름임을, 영원한 즐거움이 없고 자아가 없는 것임을 알게 되면 변함없고 괴로움 없는 그것을 보게 되며 세상 안에서 참된 평화를 발견하게 된다.

"그러면 삶의 의미는 무엇입니까? 우리는 왜 태어났습니까?" 어떤 이는 이렇게 물을지 모른다. 내가 대답할 수 없는 문제다. 그대는 왜 먹는가? 더 먹을 필요가 없도록 먹는다. 다시 태어날 필요가 없도록 태어난다.

사물들의 참 본성을, 그것들이 비어 있음을 말로 설명하기는 어렵다. 가르침을 듣고서 각자 이해할 방도를 계발해야 한다.

왜 수행을 하는가? '왜'가 없으면 평화로울 것이다. 이같이 수행하는 사람에게는 괴로움이 따라올 수 없다.

다섯 집합체는 살인자들이다. 몸에 집착하면 마음에 집착할 것이며, 마음에 집착하면 몸에 집착할 것이다. 마음을 믿지 말아야 한다. 계율을 지키고 마음을 고요하게 하라. 이를 이용하여 감각의 절제와 부단한 알아차림을 계발하라. 그러면 모든 상태가 일시적이고 불만족스러우며 비어 있음을 깨닫고서 즐거움과 괴로움이 일어나도 따르지 않을 것이다. 고요해지는 법을 배워라. 고요한 가운데 부처의 참된 기쁨이 올 것이다.

망고 줍기

지혜가 생기면 좋든 싫든 즐겁든 괴롭든 감각 대상과의 접촉은 망고 나무 아래에서 망고를 줍는 것과 같다. 다른 사람이 나무 위에서 가지를 흔들어 망고를 떨어뜨리는 사이, 우리는 좋은 망고와 썩은 망고를 고르면 된다. 우리는 힘을 낭비하지 않는다. 나무에 올라갈 필요가 없기 때문이다.

이 말은 무슨 뜻인가? 우리에게 다가오는 모든 감각 대상은 참된 지식을 준다. 우리는 그것들을 아름답게 윤색할 필요가 없다. 얻음과 잃음, 명예와 불명예, 칭찬과 비난, 고통과 즐거움 등 속세의 여덟 가지 바람은 스스로 불어온다. 마음이 고요해지고 지혜가 생기면 즐겁게 줍고 고를 수 있다. 남들이 '좋다 나쁘다, 여기다 저기다, 행복이다 고통이다'라고 말하는 것들이 그대에게는 모두 유익하다. 왜냐하면 다른 사람이 나무에 올라가서 망고를 떨어뜨리고 있으며, 그대는 걱정할 것이 없기 때문이다.

속세의 여덟 가지 바람은 그대 앞에 떨어지는 망고와 같다. 집중과 평정심을 이용하여 망고를 관찰하고 좋은 망고를 주워라. 어느 열매가 좋고 어느 열매가 썩었는지 아는 것을 지혜 곧 위빠싸나라고 한다. 이것은 그대가 만들어 내는 것이 아니다. 지혜가 있으면 통찰은 저절로 생긴다. 나는 그것을 지혜라고 부르지만, 굳이 이름을 붙일 필요는 없다.

시간 밖에 있는 부처

본래 마음(가슴)은 순수하고 맑은 물처럼 빛나며 더없이 감미롭다. 그러나 가슴이 순수하면 수행이 끝나는가? 아니다. 우리는 이 순수함에도 집착하지 말아야 한다. 우리는 모든 이원성, 모든 관념, 모든 나쁨, 모든 좋음, 모든 순수, 모든 불순을 넘어서야 한다. 우리는 자아와 무아, 태어남과 죽음을 넘어서야 한다. 자아가 다시 태어나는 것을 보는 것은 세상의 진정한 괴로움이다. 참된 순수는 한계가 없고 손댈 수도 없으며, 모든 상대와 모든 창조의 너머에 있다.

우리는 부처, 법, 승가에 귀의한다. 이는 세상에 출현하는 모든 부처의 유산이다. 부처는 무엇인가? 지혜의 눈으로 보면 부처는 시간 밖에 있으며, 태어나지 않으며, 어떤 몸이나 역사 혹은 형상과도 관계가 없음을 알게 된다. 부처는 모든 존재의 밑바탕이며, 움직이지 않는 마음의 진실에 대한 깨달음이다.

따라서 부처는 인도에서 깨달은 것이 아니다. 사실, 부처는 깨달은 적이 없으며, 태어난 적도 없고 죽은 적도 없다. 시간 밖에 있는 부처는 우리의 참 고향이며 우리의 머물 곳이다. 우리가 부처, 법, 승가에 귀의할 때 세상 모든 것이 우리에게 자유롭다. 그리고 우리의 스승이 되어 삶의 참된 모습을 보여 준다.

위빠싸나와 선禪

선(禪)을 수행하는 사람이 아잔 차 스님을 찾아와서 물었다. "스님께서는 연세가 어찌 됩니까? 늘 이곳에 머무르십니까?"

스님이 대답했다. "나는 어디에도 살지 않습니다. 그대는 어디에서도 나를 찾지 못할 것입니다. 나는 나이가 없습니다. 나이가 있으려면 존재해야 하는데, 존재한다고 생각하면 이미 문제입니다. 문제를 만들지 마십시오. 그러면 세상에도 문제가 없을 것입니다. 자아를 만들지 마십시오. 더 할 말이 없습니다."

아마도 그 선 수행자는 위빠싸나의 본질이 선의 본질과 다르지 않음을 어렴풋이 알아차렸을 것이다.

울리지 않는 징

세상 사람들이 보기에, 세상에 살면서 수행하는 여러분은 치지 않아 울리지 않는 징처럼 보일지 모른다. 그들은 여러분을 쓸모없고 미쳤고 패배한 사람으로 여길 것이다. 그러나 실제로는 정반대가 진실이다.

진실은 진실 아닌 것 속에 숨겨져 있고, 영원은 영원하지 않은 것 속에 숨겨져 있다.

아무것도 특별할 게 없다

사람들은 내가 어떻게 수행하는지 묻는다. 이를테면, "명상에 들어갈 때는 마음을 어떻게 준비하십니까?"라고 묻는다. 특별한 것이 없다. 나는 마음을 늘 있는 그 자리에 둘 뿐이다.

그들은 또 묻는다. "그러면 스님은 아라한이신가요? 깨달음을 얻으셨나요?" 내가 어찌 알겠는가? 나는 잎이 무성하며 꽃 피고 열매 맺는 한 그루 나무와 같다. 새들이 날아와 열매를 쪼아 먹고 둥지를 튼다. 그러나 나무는 자기를 모른다. 나무는 자기의 본성을 따른다. 있는 그대로 있다.

그대 안에는 아무것도 없다, 진정 아무것도

승려가 되고 나서 3년쯤 되었을 무렵, 나는 삼매와 지혜가 어떤 것인지 무척 궁금해졌다. 삼매를 경험하고 싶은 열망에 쉬지 않고 열심히 수행했다. 좌선을 할 때마다 수행이 어떻게 진전되는지 알려고 노력했고, 그래서 마음이 몹시 산란해졌다. 특별히 하는 일 없이 명상도 하지 않을 때는 아무런 문제가 없었다. 하지만 마음을 집중하려고 애쓰기만 하면 마음이 극도로 동요하는 것이었다.

"어찌 된 일이지? 왜 이렇게 되는 걸까?" 도무지 알 수가 없었다. 얼마 뒤, 나는 집중이 숨 쉬는 것과 같다는 것을 깨달았다. 호흡을 억지로 깊거나 얕게, 빠르거나 느리게 하려고 하면 숨 쉬기가 어려워진다. 그러나 들숨과 날숨을 의식하지 않으면서 걸으면 호흡이 자연스럽고 부드러워진다. 마찬가지로, 억지로 고요해지려 애쓰는 노력은 집착과 욕망의 표현일 뿐이며, 도리어 고요해지지 못하게 방해한다.

계속 수행을 하면서 세월이 흐름에 따라 신심이 굳어지고 바른 이해가 자라게 되었다. 명상은 서서히 자연스럽게 깊어졌다. 나는 욕망이 수행의 장애물임을 분명히 알게 되었고, 그래서 더 숨김없이 수행했으며, 마음의 요소들이 일어날 때마다 조사를 했다. 나는 앉고 지켜보았고, 앉고 지켜보았으며, 그런 과정을 수없이 되풀이했다.

　한참 세월이 흐른 뒤 어느 날이었다. 밤 11시가 지났을 무렵, 나는 명상을 하며 걷고 있었다. 생각은 거의 떠오르지 않았다. 나는 숲속의 수도원에 있었는데, 멀리 마을에서 열리는 축제 소리가 들렸다. 걷기 명상을 하다가 조금 피로해진 나는 오두막으로 돌아갔다. 자리에 앉아서 결가부좌를 하려고 했지만, 평소처럼 빨리 취해지지 않는다고 느꼈다. 내 마음은 깊은 삼매에 들어가기를 스스로 원했다. 그일은 저절로 일어났다. 나는 속으로 생각했다. "왜 이런 것일까?" 자리에 앉았을 때, 나는 참으로 고요했다. 마음은 확고히 집중되어 있었다. 마을에서 들려오는 노랫소리가 여전히 들리기는 했지만, 그 소리가 들리지 않게 할 수도 있었다.

　한 점으로 모인 마음을, 소리를 향해 돌리면 소리가 들렸다. 그러지 않을 때는 아무 소리도 들리지 않았다. 소리가 다가오면 '아는 자'를 바라보았는데, 그것은 소리와 별개였다. 나는 생각했다. "이것이 바로 그것이다. 이게 아니라면 대체 무엇이 그것일 수 있겠는가?" 여기에 있는 바리때와 주전자가 별개이듯이 마음과 그 대상은 별개임을 볼 수 있었다. 마음과 그 소리는 조금도 연결되어 있지 않았다. 이런 식으로 계속 조사했고, 결국 이해하게 되었다. 나는 무엇이 주체와 객체(대상)를 결합시키고 있는지를 보았고, 그 연결이 끊어지자 참된 평화가 드러났다.

그 당시 내 마음은 다른 무엇에도 흥미를 느끼지 않았다. 수행을 멈추고자 했다면 쉽게 그럴 수 있었을 것이다. 승려가 수행을 멈출 때는 "내가 게으른가? 피곤한가? 산란한가?" 하고 생각해 보아야 한다. 그러나 그때 내 마음에는 게으름이나 피로감이나 산란함이 없었으며, 모든 면에서 오직 완전하고 충족된 상태였다.

잠시 쉬기 위해 수행을 멈추었을 때, 멈춘 것은 앉은 자세뿐이었다. 내 마음은 그대로였으며 움직이지 않았다. 자리에 눕는 순간에도 마음은 이전처럼 고요했다. 머리가 베개에 닿는 순간, 마음이 내면으로 방향을 바꾸었다. 어디에서 방향 전환이 일어나고 있는지는 알지 못했으나 마치 전기 스위치를 올리듯 내면으로 방향을 바꾸었고, 내 몸은 큰 소리를 내며 폭발하는 것 같았다. 알아차림은 더없이 또렷해지는 것 같았다. 마음은 그 지점을 지나 안으로 더 깊이 들어갔다. 안에는 아무것도 없었다, 진정 아무것도. 아무것도 그 안으로 들어가지 않았으며, 아무것도 거기에 도달할 수 없었다. 알아차림은 내면에서 잠시 멈추었다가 다시 밖으로 나왔다. 내가 나오게 한 것이 아니었다. 나는 그저 보는 자였으며 아는 자였다.

이 상태에서 빠져나오자 평소의 마음 상태로 돌아왔다. 질문이 일어났다. "이게 뭘까?" 그러자 대답이 나왔다. "이 일들은 본래 그런 것이다. 의심할 필요는 없다." 대답은 이뿐이었으며, 내 마음은 받아들일 수 있었다.

한동안 가만히 멈추어 있던 마음이 다시 내면으로 향했다. 내가 향하게 한 게 아니라 마음이 스스로 향했다. 마음은 안으로 들어가서 이전처럼 한계에 이르렀다. 두 번째 들어간 이때, 몸은 미세한 조각들로 산산이 부서졌으며, 마음은 더 깊이 들어가서 고요해지고 닿을 수 없게 되었다. 마음은 안으로 들어가서 원하는 만큼 머문 뒤 다시 나왔고, 나는 평소 상태로 돌아왔다. 마음은 줄곧 스스로 행동하고 있었다. 나는 마음을 어떤 식으로 오고 가게 하려고 의도하지 않았다. 오로지 알아차리고 관찰했을 뿐이다. 나는 의심하지 않았다. 계속 앉아서 관찰해 나갔다.

마음이 세 번째 안으로 들어갔을 때, 온 세상이 부서져 버렸다. 땅, 풀, 나무, 산, 사람, 모두가 빈 공간이었다. 남은 것은 아무것도 없었다. 마음은 안으로 들어가서 원하는 만큼 머물고, 할 수 있는 만큼 오래 머문 뒤 다시 나와서 평소 상태로 돌아왔다. 나는 마음이 어떻게 머물렀는지 모른다. 그런 일은 알기도 어렵고, 말하기도 어렵다. 비교하여 설명할 수 있는 것이 아무것도 없다.

이 세 가지 경험에 관해 무슨 일이 일어났다고 누가 말할 수 있겠는가? 누가 알 수 있겠는가? 그것을 무엇이라고 부를 수 있겠는가? 이제까지 내가 말한 것은 모두 마음의 성질에 관한 것이다. 마음의 요인이 어떠니, 의식의 범주가 어떠니 얘기할 필요가 없다. 나는 굳은 믿음을 가지고 열심히 수행했으며 목숨까지 걸 각오가 되어 있었다. 그리고 이 체험을 한 뒤 온 세상이 바뀌었다. 모든 지식과 이해가 완전히 바뀌어 버렸다. 이런 나를 보고서 미쳤다고 생각한 사람도 있을 것이다. 사실, 알아차림을 강하게 단련하지 않았다면 미쳐 버렸을지도 모를 일이다. 세상 모든 것이 예전과는 완전히 달랐기 때문이다. 하지만 실상 바뀐 것은 나밖에 없었고, 그럼에도 나는 여전히 같은 사람이었다. 모두들 이런 식으로 생각할 때, 나는 저런 식으로 생각했다. 모두들 이런 식으로 얘기할 때, 나는 저런 식으로 얘기했다. 나는 다른 사람들과 다른 길을 걷고 있었다.

내 마음의 힘이 최고조에 달했을 때, 그것은 기본적으로 마음의 에너지, 집중의 에너지였다. 이 체험은 삼매의 에너지에 바탕을 두고 있었다. 삼매가 이 수준에 도달하면 위빠싸나는 저절로 흐르게 된다.

만일 여러분이 이처럼 수행한다면 멀리 구할 필요가 없다. 도반들이여, 왜 한번 시도해 보지 않는가?

강 저편으로 타고 갈 나룻배가 있다. 왜 그 속으로 뛰어들지 않는가? 진창이 더 좋은가? 나는 언제든 노를 저어 갈 수 있다. 그러나 그대를 기다리고 있다.

여기로 오라

끝으로, 여러분이 멈추지 말고 계속 길을 걷기를, 지혜롭게 수행하기를 바란다. 수행을 계속하기 힘들 때는 이미 얻은 바른 이해를 이용하라. 바른 이해는 여러분이 더 성장하는 데, 이해와 사랑이 깊어지는 데 밑바탕이 될 것이다. 수행을 깊게 하는 방법은 많다. 수행에 소극적인 사람은 마음을 관찰함으로써 그런 태도를 극복하면 된다. 적절한 노력을 기울이며 시간이 지나면 바른 이해가 스스로 열릴 것이다. 하지만 어떤 경우든 늘 자기 본연의 지혜를 이용하라.

지금까지 얘기한 것들은 여러분에게 도움이 되리라고 느낀 것들이다. 진정으로 수행하면 모든 의심이 끝날 것이다. 더는 의문이 없는 곳, 침묵의 자리, 부처와 법과 우주와 하나인 자리로 오기 바란다. 오직 그대만이 그렇게 할 수 있다.

이제부터는 그대에게 달려 있다.

| 용어 풀이

감각의 기초 sense bases 육근과 육진. 주체-객체 감각의 여섯 가지 기초. (1) 눈과 보이는 대상 (2) 귀와 소리 (3) 코와 냄새 (4) 혀와 맛 (5) 몸과 몸의 느낌 (6) 마음과 마음의 대상.

계율 precepts 덕을 계발하는 불교의 훈련 규범. 재가자들에게는 다섯 가지 계율(살생하지 말라, 도둑질하지 말라, 거짓말하지 말라, 음행하지 말라, 술취하지 말라)이 있다. 비구니와 사미승에게는 열 가지 계율, 비구에게는 227가지 계율이 있다.

고통 suffering 고(苦). 괴로움. 모든 일시적 현상의 불만족스럽고 불안정한 기본 성질.

느낌 feeling 대상과 관련하여 일어나는 즐거움, 불쾌함, 중립적인 느낌이라는 마음의 요인.

다섯 가지 집합체 five aggregates 오온(五蘊). 인간 존재를 구성하는 다섯 가지 상호 연결된 진행 과정. 육체, 느낌, 지각, 의지, 의식.

덕 virtue 도덕 계율을 따르는 것. 더 깊은 뜻으로는 탐욕과 미움과 망상

없이 세상에서 행하는 것을 가리킨다.

마음 mind 의식 및 의식을 물들이는 다양한 정신적 요인.

마음의 요소 elements of the mind 의식, 느낌, 지각, 의지 또는 경험에 대한 반작용 등 마음의 네 가지 진행 과정을 포함한다. 더 자세히는 기쁨, 탐욕, 두려움, 고요함 등 마음의 52가지 기본 성질로 묘사되기도 한다. 의식 및 경험의 대상과 함께 일어난다.

마음의 요인 mental factors 다섯 가지 집합체 중에서, 의식 및 대상과 관련하여 일어나는 의지와 그 밖의 다양한 마음의 요인을 가리킨다.

망상 delusion 대상들이 무상, 고, 무아로 분명히 보이지 않게 가리는 마음의 요인.

몸, 말, 마음 body, speech, and mind 불교 수행에서 관찰되고 훈련될 수 있는 행위의 세 가지 영역.

무상 impermanence 無常. 일어나는 성질을 가진 모든 현상은 반드시 지나간다는 기본 진실.

무지 ignorance 무명(無明). 세상의 성질을 분명히 알지 못하며 욕망과 집착의 근본 원인인 기초적인 힘.

물질 matter 네 가지 기초 요소로 구성된 물질세계.

미움 hatred 혐오라는 마음 요인. 마음은 이로 인해 어느 대상이나 경험을 싫어하거나 공격한다.

번뇌 defilements 부정(不淨). 탐욕, 미움, 망상이라는 마음의 요인들. 그리고 이것들의 뿌리로서 함께 일어나는 마음 상태들.

법 Dharma 法. 다르마. 우주의 법칙 혹은 진리. 또는 이 법칙에 관한 부처님의 가르침. 경험의 진행 과정을 구성하는 요소들.

비구 bhikkhu 완전히 계를 받은 남자 승려. 227가지 계율을 지킨다.

사성제 Four Noble Truths 네 가지 고귀한 진실. 부처님의 기본 가르침. (1) 괴로움이 있다는 진실 (2) 괴로움의 원인이 있다는 진실(집착과 욕망) (3) 괴로움의 끝이 있다는 진실 (4) 괴로움의 끝으로 가는 길(팔정도)이 있다는 진실.

삼보 Three Gems 三寶. 세 가지 보석 또는 귀의처. 부처, 법(법, 또는 법에 관한 부처님의 가르침), 승가(승려와 수행자의 공동체).

삼사라 samsara 조건 지어진 현상들로 이루어진 세계. 마음과 물질의 요소들로 이루어진 세계. 이 모든 것은 끊임없이 변한다.

수행 practice 마음이 너그러움, 덕, 고요, 지혜에 자리 잡도록 수련하는 것.

아비담마 abhidamma 불교 심리학. 마음과 몸의 구성 요소와 진행 과정에 관한 상세한 분석을 가르친다.

알아차림 mindfulness 지금 이 순간 일어나는 일을 집착이나 혐오나 망상 없이 알아차리는 것.

알아차림의 네 가지 토대 four foundations of mindfulness 알아차림의 네 가지 영역. 우리의 경험 전체이며, 통찰력을 계발하기 위해 주의를 기울여야 하는 곳이다. (1) 몸과 물질 요소 (2) 느낌(즐거움, 불쾌함, 중립) (3) 의식 (4) 생각, 감정, 탐욕, 사랑 등 마음의 모든 요인, 마음의 모든 대상.

업 karma 마음의 영역과 물질의 영역에서 일어나는 사건들 사이의 관계를 설명하는 원인과 결과의 법칙.

연기 dependent origination 緣起. 열두 개의 고리로 연결된 됨(becoming)의 사슬. 탄생과 죽음의 순환을 초래한다. 각 고리는 다음의 것이 일어나는 조건을 제공한다. 무지는 습성들이 형성되는 조건이 되고, 형성된 습성은 의식이 일어나는 조건이 되며, 의식에 이어 마음과 물질, 여섯 가지 감각 기관, 접촉, 감각 작용 혹은 느낌, 갈망, 집착, 됨의 과정, 재탄생이라는 고리가 뒤따르며, 마지막으로 늙음, 슬픔, 괴로움, 죽음이라는 고리가 뒤따른다.

열반 nirbana   마음-몸의 진행 과정이라는 움직임 너머에 있는 완전히 고요한 상태. 마음속의 모든 탐욕, 미움, 망상에서 해탈한 상태.

요소 elements   대개 고체성(흙), 응집성(물), 열(불), 움직임 또는 파동(공기)의 네 가지 주요 요소를 가리킨다. 부차적 물질 요소들, 때로는 마음의 요소들을 가리키기도 한다.

위빠싸나 vipassana   통찰 명상. 분명히 봄. 몸-마음의 진행 과정의 기본 성질에 초점을 맞춤으로써 그 특성을 깨닫는 명상.

의식 consciousness   마음의 아는 기능. 감각의 대상들이 여섯 가지 감각의 문에서 일어나고 사라짐을 아는 마음의 측면.

정신적 형성물 mental formations or thought constructions   경험에 대한 우리의 관계를 결정하는 의지, 분류, 반응의 조건 지어진 진행 과정.

지각 perception   대상들을 지각하거나 인식하는 마음 요인.

집중 concentration   마음을 하나의 대상에 모아 고정시키는 마음의 요인. 한 가지 대상에 집중함으로써 강한 집중과 평정심을 계발하는 명상 수행.

탐욕 greed   마음으로 하여금 어떤 대상이나 경험을 붙잡거나 집착하게 하는 마음의 요인.

292

팔정도 Eightfold Path　정화와 해탈을 위한 불교의 길 ― 바른 이해, 바른 생각, 바른 말, 바른 행위, 바른 생활, 바른 노력, 바른 알아차림, 바른 집중.

엮은이 소개

잭 콘필드 서양의 대표적인 위빠싸나 명상 단체인 '통찰 명상협회'의 공동 설립자. 다트머스 대학에서 아시아와 불교를 공부했고, 그 뒤 6년 동안 아시아에 머물며 상좌부 불교 전통의 여러 수도원과 명상 수련원에서 재가자와 승려로서 공부하고 수행했다. 이때 태국에서 만난 아잔 차 스님은 그에게 가장 큰 영향을 미친 스승이었다. 아시아에서 돌아온 뒤 임상심리학 박사 학위를 취득했고, 여러 책을 저술하며 전 세계의 수련원에서 위빠싸나 명상을 지도하고 있다.

많은 책을 저술했으며, 국내에 소개된 책으로는《깨달음 이후 빨랫감》《처음 만나는 명상 레슨》《마음이 아플 땐 불교심리학》《마음의 숲을 거닐다》《어려울 때 힘이 되는 8가지 명상》등이 있다.

폴 브라이터 아잔 차 스님의 지도 아래 비구계를 받고 상좌부 불교 승려로서 수행했다. 그는 아잔 차 스님의 초기 서양인 제자이며 줄곧 승려로 살고 있다. 수도원 생활에 중요한 교재인《위나야무카(Vinayamukka)》를 번역했다. 선불교와 티베트 불교에 관해서도 폭넓게 공부했으며, 선불교 승려로도 계를 받았다.

지은 책으로는《Venerable Father: A Life with Ajahn Chah》등이 있다.

옮긴이 김윤

서울대학교 경영학과를 졸업했다. 지금은 자유롭고 평화로운 삶으로 안내하는 글들을 우리말로 옮기고 소개하는 일을 하고 있다. 그동안 번역한 책으로는 《네 가지 질문》《기쁨의 천 가지 이름》《가장 깊은 받아들임》《아잔 차 스님의 오두막》《나 자신, 영원하고 무한한》《지금 여기에 현존하라》《고요한 현존》《현존 명상》《모든 것은 하나다》 등이 있고, 공역한 책으로는 《순수한 앎의 빛》《사랑에 대한 네 가지 질문》《직접적인 길》《요가 매트 위의 명상》 등이 있다.

아잔 차 스님의 오두막

초판	1쇄 발행	2005년 8월 10일
	2쇄 발행	2007년 11월 15일
개정판	1쇄 발행	2010년 3월 19일
	7쇄 발행	2019년 6월 20일
개정2판	1쇄 발행	2020년 10월 15일
	3쇄 발행	2023년 6월 20일
개정3판	1쇄 발행일	2024년 12월 10일

지은이   잭 콘필드, 폴 브라이터
옮긴이   김윤

펴낸이   김윤
펴낸곳   침묵의향기
출판등록 2000년 8월 30일, 제1-2836호
주소   10401 경기도 고양시 일산동구 무궁화로 8-28
         삼성 메르헨하우스 913호
전화   031) 905-9425
팩스   031) 629-5429
전자우편 chimmukbooks@naver.com
블로그   http://blog.naver.com/chimmukbooks

ISBN 979-11-986756-8-2 03220

* 책값은 뒤표지에 있습니다.